KB040872

다음 세대를 생각하는
인문교양 시리즈

# 인연이 모여
# 인생이 된다

내가 먼저 좋은 친구가 되는 법

주철환 지음

샘터

내가 좋은 친구면 모두가 좋은 친구

한 어린이책의 제목(최영배 지음)

# 친구 권하는 세상을 꿈꾸며

독자 여러분께 건네는 이 책은 개인적으로도 남다른 의미가 있는 책입니다. 2015년은 제가 이 세상에 태어나 육십갑자를 한 바퀴 돌고 다시 태어난 그 자리로 돌아온 해입니다(환갑이라고 하죠).

이 책은 2015년에 내는 저의 열다섯 번째 책이고요.

뜻깊은 책을 통해 제가 여러분께 전하고자 하는 이야기는 '좋은 친구가 되는 법'입니다. '친구'는 제 인생의 중요한 키워드일 뿐 아니라, 행복한 삶을 살기 위해 빼놓을 수 없는 요소라고 생각하기 때문입니다.

열다섯 살 때부터인가요, 제 마음속에 울려 퍼지는 노래들이 있었습니다. 그때나 지금이나 악기를 다룰 줄도 모르고 악보를 그릴 줄도 몰라요. 그런데도 마치 샘터처럼, 노래가 제 마음속에서 끝없이 샘솟는 거예요.

언젠가는 이 노래들을 많은 사람에게 들려주고 싶었고, 마침내 그 꿈을 이루었습니다. 제 나이 쉰다섯에 음반을 냈거든요. 꿈을 이루기까지 꼬박 40년이 걸렸습니다.

　제가 만든 노래들에는 꼭 들어가는 단어가 있어요. '꿈'과 '친구'가 그것입니다.

　꿈이 없다면 살 의미가 없고 친구가 없다면 살 재미가 없겠지요. 꿈을 가지고 친구와 함께 걸어가는 것, 그것이 제가 생각하는 젊음의 이미지입니다. 저는 나이와 상관없이 늘 젊은이처럼 살고 싶고, 그러기 위해 나름 노력한 덕분에 이래 봬도 동안童顔이란 소리를 꽤 듣는답니다.

　그러므로 젊은 시절 힘써야 할 일 중 아주 중요한 한 가지가 '친구 사귀기'라고 저는 생각합니다. 친구를 사귀고 소중한 사람들을 만드는 최선의 방법은, 우선 나 자신이 좋은 친구가 되는 것이지요.

　어느 왕이 신하들에게 세상의 진리를 추리고 추려서 딱 한 문장으로 만들라고 명령했습니다. 그랬더니 나온 단 하나의 문장은 바로 '세상에 공짜는 없다'였다고요.

이 이야기가 말하는 것처럼 세상에 거저 얻을 수 있는 건 별로 없습니다. 하루아침에 바뀌는 것도 없고요. 가짜는 있어도 공짜는 없습니다. 이처럼 세상 모든 일에는 연습이 필요하답니다. 친구가 되는 일도 마찬가지입니다.

그래서 저는 좋은 친구가 되려고 꽤 연구를 했습니다. 미리 고백하지만, 저는 남의 평판에 무척 신경을 쓰고 눈치를 살피는 사람이거든요. 그러니까 이 책은 좋은 친구가 되려면 어떤 준비와 학습과 훈련이 필요한지, 살면서 저 나름대로 연구한 성과(?)를 여러분과 나누기 위한 시도입니다.

여러분, 이쯤에서 두 가지 의문이 생기지 않습니까?

우선 친구가 뭘까요?

언젠가 사랑에 대해 나름의 정의를 내려 본 적이 있습니다.

'사랑한다는 것은 그 사람이 잘되기를 바라는 것이고, 그가 잘되었을 때 기쁜 것이고, 그가 도움을 요청할 때 내가 도울 수 있는 범위 안에서 즐겁게 돕는 것이다.'

이 세 가지가 제가 생각하는 사랑의 정의인데, '사랑한다는 것'을 '친구가 된다는 것'으로 바꾸어도 좋을 것 같습니다.

그렇게 보면, 어쩌면 우리는 서로 친구가 되기 무척 힘든 세상에 살고 있는지도 모르겠습니다. 지금 우리의 교실과 사회는 경쟁자를 기르는 데만 열을 올리기 때문입니다. 경쟁자끼리는 친구가 되기 어렵습니다. 경쟁자가 잘되기를 바라고, 경쟁자가 잘되었을 때 기쁘기는 무척 어려운 일이니까요. 어린 학생들이 친구를 사귀기 힘든 환경이라는 게 늘 안타까웠습니다. 그러한 환경을 만들어 주는 것은 부모와 교사의 책임이겠지요. 저는 훌륭한 선생님이란, 친구를 만들어 주는 선생님이라고 생각합니다.

다음으로 이런 질문을 던지는 이가 있겠군요. 그런데 이렇게까지 애쓰며 친구를 사귀어야만 하는 이유가 뭔가요? 친구 사귀는 게 그렇게 대단한 일인가요?

물론 꼭 그래야만 하는 이유 같은 건 없습니다. 친구뿐만 아니라 세상 모든 일이 그렇다고 생각합니다. 사람들은 저마다 다르게 생각하고 자기 방식으로 살아갈 자유가 있지요. 사실 친구의 정의 같은 건, 아무래도 좋습니다.

친구가 왜 필요한가? 제게는 공기가 왜 필요한가와 비슷한 질문 같습니다. 당연하지만 단정적으로 말하기는 어렵습니다. 다만 한 가지는 주장하고 싶습니다.

'친구는 인생의 가장 큰 재산이다.'

친구는 유용합니다. 네, 유용하다고 말했습니다. 물론 이 유용함은 세속적인 쓸모와 물질적인 이득만을 뜻하는 것은 아닙니다. 그 유용함을 취할 것인지 아닌지는 여러분의 선택이죠.

어쨌든 제 경우를 돌아보았더니, 지난날 친구 사귀기를 좋아했던 덕분에 나 자신이 행복하게 잘 살아왔음을 깨달았습니다. 이익을 위해서 친구를 사귄 것은 아니지만, 결과적으로 그 모든 것이 제 삶에 이익을 가져다주었습니다. 어쩌면 그 덕분에 직장도 얻었고, 글을 쓸 기회도 생겼고, 요즘은 강연자로도 바쁜 나날을 보내고 있습니다. 보세요, 시쳇말로 완전 이익 났잖아요!

요즘 강조하는 인맥이니 연줄이니 그런 얘기를 하는 거냐고요? 글쎄요, 실은 더 은밀한 이야기가 있습니다. 친구를 사귄다는 것은 사실 어떻게 살 것인가 하는 물음과 깊이 연관되어 있습니다. 왜 사는가, 어떤 삶을 살고 싶은가 하는 문제 말이지요.

왜 사는가?

미안합니다만 또 제 이야기를 해볼까요. 저는 행복하기 위해 삽니다. 고대 그리스의 철학자 아리스토텔레스가 이미 수천 년 전에 주장한 것처럼. 자, 그다음이 더 중요합니다. 그럼, 어떻게 하면 행복해질 수 있을까요? 저는 이렇게 결론을 내렸습니다.

'누군가를 행복하게 해주었을 때.'

결국 행복한 사람은 '행복을 주는 사람'이란 얘기죠.

즉, 저는 행복하려고 사는데, 행복하게 살기 위해서는 행복을 나누어 줄 누군가, 바로 친구가 꼭 필요하더란 말이죠. 그리고 친구를 사귀는 가장 좋은 방법은, 앞에서 이미 말한 것처럼 내가 먼저 좋은 친구가 되는 것이라는 결론입니다.

세상에서 가장 훌륭하고 위대한 일이 무엇일까요? 저는 이 역시도 누군가를 행복하게 해주고 싶은 마음과 그것을 실천에 옮기는 일이 아닐까 생각합니다. 누군가가 고민이 있다면 들어주고, 슬픔이 있다면 '통곡의 벽'이 되어 주는 것이지요. 그래서 제 좌우명은 '재미있게 살고 의미 있게 죽자'입니다. 나를 사랑하는 것은 재미있는 삶이고, 너를 사랑하는 것은 의미 있는 삶이겠지요.

나 혼자 산다, 내 뜻대로 산다, 내 맘대로 산다. 그걸 누가 말릴 수 있겠습니까. 그게 꼭 나쁜 건 아닙니다. 하지만 그렇게 되면 가뜩이나 유한한 존재인 우리는 삶의 폭이 너무 좁아질 수밖에 없습니다. 천상병 시인의 표현처럼 이 세상 소풍에서 잘 놀다 가려면 많은 사람과 친구가 되면 좋지 않을까요.

요즘은 여기저기서 강연을 많이 하는데, 어떤 곳에 가든 저는 처음에 이런 얘기를 합니다.

'오늘 이 자리에 계신 분 중엔 저하고 처음 만나지만 마지막으로 만나는 분이 대부분일 겁니다. 그러나 아마 어떤 분은 저하고 계속 같이 갈 거예요. 여러분, 정말 저하고 친구가 되고 싶으세요? 그렇다면 망설이지 말고 저한테 연락하세요.'

강연 슬라이드의 마지막 장은? 물론 제 이메일 주소랍니다.

노래 이야기로 글을 시작했으니, 노래 이야기로 글을 마무리해 볼까요? 저는 윤복희라는 가수를 무척 좋아하는데, 그의 노래 〈여러분〉에 보면(혹시 가수 임재범의 노래로 알고 있는 어린 독자 분들, 이 노래는 원래 윤복희라는 가수가 불렀답니다) 이런 가사가 있습니다.

내가 내가 내가 너의
친구가 되리

이 책의 마지막 장에 무엇이 있을지 여러분, 짐작하시겠지요?

2015년 1월
주철환

# 모여라 꿈동산

숲길을 돌아 구름을 타고 꿈동산에 왔어요

새들은 날아 꽃들은 피어 노래하는 꿈동산

하늘 아래 땅 위에 모두가 친구죠

아무라도 좋아요 꿈동산엔 담장이 없으니까요


봄여름 지나 가을 또 겨울 이 세상은 넓어도

잊혀진 우리 꿈이 잠깨어 햇살 아래 춤추면

하늘 아래 땅 위에 모두가 친구죠

아무라도 좋아요 꿈동산엔 담장이 없으니까요

QR코드를 스캔하면
노래를 들을 수 있습니다

| 차 례 |

친절한 철환 씨의 '나라면' 토크

---

**'꿈'과 '친구'를 노래한 노래들**

1장.

# 친구를
# 생각한다

책의 첫머리에 이미 저는 여러분께 고백했습니다. 저는 남의 눈치를 무척 살피는 사람이라고요. 그러니 여러분께도 제 주장을 강요할 생각은 없습니다.

앞의 글을 읽고 "대체 친구가 뭐란 말입니까?" "어디까지를 친구로 생각해야 하나요?" 하고 저를 다그치거나 따져 물어도 소용없습니다. 이런 문제엔 정답이 있을 수 없어요. 정답은 '그들이 정한 답'일 뿐이죠. 인생의 답은 사람마다 다르고, 그것을 가지고 왈가왈부하고 싶지도 않습니다.

다만 친구에 대해 좀 더 생각해 보고 싶은 독자도 있을지 모르겠군요. 친구에 관한 제 생각을 풀어 볼 테니, 여러분도 친구에 대해 다시 생각해 보는 시간을 가지면 좋겠습니다.

앞에서 친구란 '그 사람이 잘되기를 바라는 것이고, 그가 잘되었을 때 기쁜 것이고, 그가 도움을 요청할 때 내가 도울 수 있는 범위 안에서 즐겁게 돕는 것'이라고 나름 정의를 내려 보았지요.

이와 관련해 조금 부끄러운 기억이 있습니다. 승부의 세계에서 우정을 나눈다는 것이 가능한 일일까요. 25년여 전 저는 〈우정의 무대〉라는 프로그램을 연출하고 있었습니다. 군부대에 직접 찾아가 군인들이 함께 참여할 수 있게 한 TV 프로였지요. 프로는 폐지됐지만 여전히 우정을 이어오는 '진짜 사나이'들이 여럿 있습니다. 촌스럽지만 슬로건도 있어요. "무대는 사라져도 우정은 영원하다."

그때 격주로 연출하던 후배 이대헌 PD와는 묘한 경쟁관계에 있었어요. 당시 인기 가수 김완선을 섭외하는 문제부터 미세한 시청률의 차이까지 우리는 매주 긴장관계를 유지했습니다. 〈우정의 무대〉를 연출하는 두 PD가 실제로는 우정을 나누지 못했다는 이야기지요.

이와는 반대로, 활동하는 분야가 아예 다르거나 사는 세계가 전혀 다른 사람끼리는 오히려 쉽게 친구가 될 수 있는지도 몰라요.

지금도 대학에서 학생들을 가르치지만, 예전에도 중·고등학교 교사로, 대학 강사로 학생들과 함께 보낸 시간이 많았습니다. 저는 수업 시간마다 노래를 많이 가르쳐 주었는데(음악 선생님이 아니라 국어 선생님이었습니다만), 종강할 때쯤이면 꼭 가르쳐 주는 노래가 있습니다.

바로 사이먼 앤 가펑클Siman & Garfunkel의 〈험한 세상 다리가 되어 Bridge over Troubled Water〉예요. 이것이 바로 친구에 관한 노래거든요.

이런 가사가 있습니다.


"아임 온 유어 사이드, 오~ 웬 타임즈 갯 러프
(I'm on your side, oh when times get rough)."


내가 너의 편에 설게. 언제? 시절이 거칠어질 때, 고난이 왔을 때.

시절이 좋을 때, 시절이 스위트할 때 곁에 있는 건 친구가 아니에요. 그건 그냥 멤버십membership이죠. 프렌드십friendship은 그것과는 달라요.

언젠가 '인생 항해에 필요한 일곱 척의 배'란 글을 쓴 적이 있습니다. 리더십, 프렌드십, 파트너십, 오너십, 멤버십, 스킨십, 스포츠맨십이 바로 그 일곱 척의 배라고 말이지요. 말장난 같지만, 우리가 타야 할 그 배들 중 저는 프렌드십이란 배를 가장 좋아합니다.

프렌드십이란 말없이 그 사람의 편이 되어 주는 것이죠. 이때 편이란 이편저편 편 가르기 할 때의 편이 아니라, 그의 옆자리가 비어 있을 때, 고난이 왔을 때 함께하는 것을 말합니다.

저는 '고난의 유익함'에 대해 자주 이야기하는 편인데, 그 이유를 세 가지로 정리할 수 있습니다.

하나, 고난은 돈으로 살 수 없는 깨달음을 준다.

둘, 고난은 진짜 친구가 누구인지를 가려 준다.

셋, 집단 고난은 우리를 하나 되게 만든다.

그렇습니다. 고난은 누가 친구인지를 우리에게 확인시켜 주지요.


참으로 가슴 아픈 사건이 있었습니다. 결코 잊을 수 없는 세월호의 참극. 그와 관련한 수많은 이야기가 있었습니다만, 저는 이 사연 앞에 눈물이 났습니다.


한 학생이 자기 구명조끼를 친구에게 건넸습니다.

"야, 너는?"

"에이, 난 또 갖고 오면 돼."


친구란 무엇일까요.

그 어떤 장황한 설명보다 이 짧은 대화가 마음을 파고듭니다.

# 초승달

달이 초승달인 것을 나는 근심하지 않아요

보다 완전한 달은 언제나 구름 속에 숨겨져 있어요

당신이 당신의 사랑을 모두 말하지 않아도

나는 당신의 사랑을 믿음으로 간직할래요

사랑한다는 말은 없어도 나는 흔들리지 않아요

그대가 지닌 고운 사랑은 가슴속에 숨겨져 있어요

# 고객과
# 구조자

노래에 이어 이번엔 영화 이야기를 해보겠습니다. 〈포레스트 검프 Forrest Gump〉라는 영화를 본 적이 있는지요? 주인공 포레스트 검프는 남들보다 한참 낮은 아이큐에 다리마저 불편해 어린 시절 또래 아이들의 놀림거리였습니다. 학교에 가기 위해 스쿨버스에 올라타면 아이들은 포레스트가 자기 옆자리에 앉지 못하도록 소리칩니다.

"주인 있어!Occupied!"

어딜 가나 그런 상황이 이어집니다. 그런데 딱 두 사람만은 그렇게 하지 않았어요. 그들은 포레스트를 받아들여 주었지요. 어린 시절 스쿨버스에서 유일하게 옆자리를 내준 여자아이 제니는 포레스트에게 말합니다.

"네가 원하면 앉아."

그리고 베트남전에서 만난 흑인 동료 병사 부바, 일명 '쉬림프(새우에 미쳐 있었죠. 전쟁이 끝나 고향으로 돌아가면 새우잡이 사업을 하겠다는 꿈이 있었지요. 나중에 포레스트는 전사한 전우와의 약속을 지키기 위해 새우잡이 어업을 시작하고 큰돈을 벌게 됩니다)'가 그에게 거리낌 없이 옆자리를 내줍니다.

제니와 쉬림프, 그 두 사람이 바로 포레스트의 친구입니다. 친구란 이처럼 '자리를 내어 주는 사람'이 아닐까요. 친구란 친절한 거예요. 사랑이라는 말이 생활에서 구현된 것이 바로 '친절'입니다. 내가 친절하게 대해야 할 사람, 내게 친절하게 대하는 사람이 친구죠.

제게는 중학교 때부터 지금껏 친하게 지내는 친구들이 있습니다. 세어 보면 무려 46년 지기죠. 저 친구와는 왜 그토록 오랫동안 친구로 지낼 수 있었을까, 생각해 본 적이 있어요. 그랬더니 그 친구는 지금껏 제게 특별한 걸 요구한 적이 없었어요. 저도 마찬가지고. 그러면 친구가 되는 것 같아요.

반면 예를 들어 누군가 제게 돈을 꿔달라고 했다면, 혹은 제가 누군가에게 돈을 꿔달라고 했다면, 우리는 서로 친구가 되기 어려울 거예요.

사실 저는 사람들과 쉽게 친해지는 편이에요. '아이스브레이커'라고 하지요. 냉랭한 분위기, 얼어붙은 분위기를 깨는 데 재주가 있어요. 40년 나이 차가 나는 까마득한 후배들과도 격의 없이 친구가 되곤 합니다.

조금 다른 얘기지만, 심각하고 엄숙한 분위기는 저랑 영 어울리지 않거든요. 경직된 분위기 자체가 감정의 소비라고 여깁니다. 엄숙하고 경건한 분위기가 꼭 필요할 때면 스스로 함량 미달이나 자격 미달이라는 생각이 들곤 합니다. 우리를 충만하게 하는 것은 그보다는 유머이지요. 유머를 아는 사람이 지혜롭습니다.

그런데 이런 저도 의외로 사람을 가릴 때가 있습니다. 아, 이 사람이 나하고 비즈니스를 하려고 하는구나, 하는 생각이 들면 그런 사람하고는 친구가 되지 못해요. 그 사람의 목적이 너무 뚜렷하기 때문에 친해지기 힘들죠. 세속적인 목표에 나를 이용하려는 사람에게 나는 이미 친구가 아닐 겁니다. 아마도 나는 그의 고객이겠죠.

나도 그 사람을 만나면 기분이 좋고, 그 사람도 나를 만나면 기분이 좋은 관계. 그것이 친구죠. 반대로 누군가에게 도움을 주어야겠다는 의무감을 가진다면, 그것도 친구 사이라고 말하기 어려울 것 같아요. 그건 친구가 아니라 구조자이겠지요. 친구는 상호 기뻐야 해요. 친구는 동정이나 동경이 아닌 동행의 대상이지요.

인연이 모여 인생이 된다

이런 질문을 받은 적이 있습니다. 친구는 많을수록 좋을까요?

많으면 좋지만, '많을수록'은 아니라고 생각합니다. 많고 적은 숫자 자체에 너무 치중한 표현이니까요. 다시 말해, 친구가 많으면 좋지만, 반드시 많아야 좋은 것은 아니란 얘기죠.

과연 진정한 친구가 어떤 친구일까 생각해 보면, 사실 진정한 친구가 아주 많기는 어려울 거예요.

예전 대학에서 강의를 할 때도 그랬고, 다시 대학에서 학생들과 함께하는 지금도 자주 소풍을 갑니다. 학생들이 함께 공부하는 친구의 이름도 모르는 게 안쓰러웠고, 경쟁자만 양산하는 학교의 모습이 싫기 때문입니다. 소풍 가는 차 안에서 혹은 빙 둘러앉아 간식을 먹으며 자기소개를 하도록 유도하지요.

제가 주력한 일은 두 가지였습니다. 학생들이 서로 친하게 지내도록 하는 것과 자기소개를 인상 깊게 하는 방법을 가르치는 것.

살면서 친구를 많이 만드는 것이 즐겁지 않습니까. 그렇다면 누군가에게 친구를 만들어 주는 건 또 얼마나 보람된 일인가요. 막연한 동정이나 동경이 아닌, 먼 여행길 마음을 열고 함께 갈 수 있는 동행을 만난다면 그보다 즐거운 일이 어디 있을까요.

제가 죽은 뒤 신 앞에서 자기소개를 하게 된다면 이렇게 말할 생각입니다.

"저는 사람들과 친하게 지내려고 노력했고, 친구가 없는 외로운 이들에게 친구를 많이 소개해 줬어요."

정현종 시인도 〈방문객〉이라는 시에서 말했습니다. '사람이 온다는 건 실은 어마어마한 일이다. 그는 그의 과거와 현재와 그리고 그의 미래와 함께 오기 때문이다. 한 사람의 일생이 오기 때문이다'라고요. 우리가 친구가 되어서 기꺼운 마음으로 만나고, 인생을 이야기하고, 고단한 어깨를 주물러 주고, 악수하며 격려해 주면 얼마나 좋은 일이겠습니까.

친구의 수를 늘리기보다는, 나를 만나서 진정 행복한 사람을 만나고 싶습니다. 꼬였던 마음이 풀어지고 서로로 인해 새롭게 결심하게 되는, 그런 만남을 여러분도 하고 싶지 않나요?

인연이 모여 인생이 된다

추측컨대 그는 대체로 외로운 삶을 살아오지 않았나 싶습니다.

사람들을 지나치게 감정적으로 대하지 않으려는

그의 표면적인 태도는 자기방어적인 수단인지도 몰라요.

그는 외적으로 사람들을 매료시키는 따뜻함 같은 것이

결여되어 있는 동시에 워낙 현명해서,

대부분의 우정이 아무리 피상적이며 돌발적이라 해도,

그것들 없이는 삶이 너무 우울하다는 점을 알고 있는지도 모르죠.

_ 추리소설가 레이먼드 챈들러의 편지 중에서, 《나는 어떻게 글을 쓰게 되었나》
(안현주 옮김, 북스피어 펴냄)

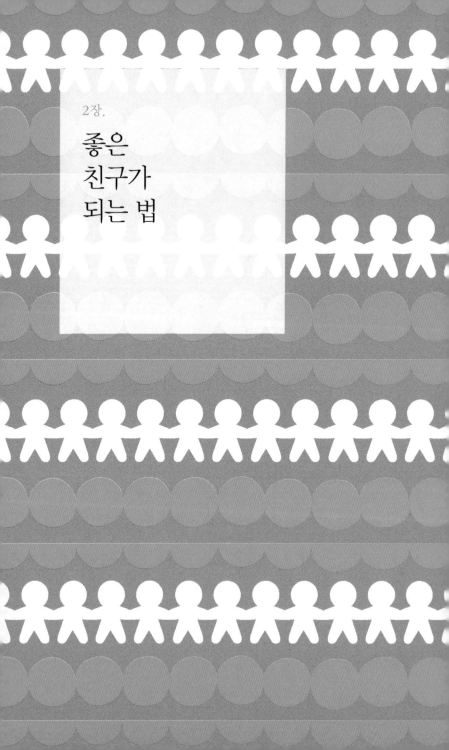

2장.

# 좋은
# 친구가
# 되는 법

나중에 100년, 200년 후에 주철환이라는 PD를 연구하는 사람이 있
다고 가정해 봅시다(이렇게 곧잘 망상의 나래를 펼친답니다). 20세기
말, 21세기 초에 별난 철학을 가진 PD가 있었는데 어쩌고저쩌고……
하면서 말이죠.

물론 주철환이란 인간에 대해 호의적인 사람만 있는 게 아니겠죠.
제게 우호적인 학자와 비우호적인 학자가 있다면, 어떻게 저를 평가할
까 한번 예상해 봤습니다.

특히 비우호적인 사람이 볼 때, 제 삶이 조금 비굴해 보일지도 모
르겠다는 생각이 들었습니다. 저는 기본적으로 싸우는 걸 싫어하거든

요. 왜 싸우느냐? 스스로에게 물었을 때, 대부분의 경우 딱히 납득할
만한 이유를 찾기 힘들거든요.

정의를 세우기 위해서? 과연 정의일까, 생각해 볼 필요가 있을 것
같습니다.

싸워서 이겨야 한다, 이기는 것 자체가 기쁨이다? 저는 그렇게 생
각하지 않습니다. 누군가를 슬프게 하고 전리품처럼 그 슬픔을 차지하
고 싶은 생각이 없습니다. 경기에선 이기는 게 좋지만, 인생에선 비기
는 게 낫다는 걸 깨닫는 순간이 옵니다.

누군가 나를 싫어하고 나 때문에 불편하다면 제가 먼저 자리를 피
하는 편입니다. 괜히 비우호적인 사람의 비위를 긁을 필요는 없다고 생
각하거든요. 상대방이 조금이라도 기분이 좋아질 수만 있다면, 비겁하
다고 해도 괜찮습니다. 저는 제 눈에 거슬리는 것은 무조건 참습니다.
남의 눈에도 많이 거슬리겠다 싶으면 그때는 부드럽게 귀띔해 줍니다.

반대로 저를 진심으로 필요로 하는 곳이라면 별로 가리지 않고 흔
쾌히 갑니다. 낄 데 안 낄 데 구분 못 하고 너무 나선다고, 도대체 뭐 하
는 사람인지 정체를 모르겠다고 비웃어도 괜찮습니다.

저를 비난하는 사람들도, 저를 칭찬하는 사람들도 제게 '가볍다'고
말합니다. 저는 그 말이 불쾌하지 않습니다. 저는 가벼운 사람입니다.
비난으로 가볍다는 말을 하는 사람들은 가벼운 것이 싫은 모양이구나,
생각하면 그뿐입니다. 저 스스로는 가벼운 것이 문제가 아니라고 생각

인연이 모여 인생이 된다

하고, 오히려 그 가벼움 때문에 행운을 많이 만났다고 생각합니다. 그러니 서로 세상을 보는 눈이 다른 것일 뿐이지요. 누구나 자기만의 입장이 있고, 그 입장에 따라 행동합니다. 그걸 알면 누구도 쉽게 비난할 수 없습니다.

다양한 청중을 대상으로 자주 강연을 하러 다니는데, 강연을 할 때마다 느끼는 것이 있습니다. 제 이야기에 점수를 매기는 분들이 있다는 겁니다. 소위 꼬투리를 잡는 것이지요.

심지어 이런 경우도 있었습니다. 그날 저는 원래 국어 교사 출신이라고 밝히고 강연을 시작했습니다. 그런데 어느 한 분이 제 말에서 문법적으로 어긋난 것을 일일이 지적하며 저를 공격했습니다.

일단, 황당했지요. 그러나 곧 저는 저자세로 죄송합니다, 하고 말했습니다. 저자세는 다른 사람의 지적을 그치게 하는 힘이 있기 때문입니다. 그리고 이렇게 응대하면 그만입니다.

"일리가 있네요."

저는 이것이 삶의 지혜라고 생각합니다. 불의에 맞서는 사람이 되어야 하지만, 지금의 상황이 딱히 불의는 아닌 경우엔 굳이 맞서지 마세요. 그야말로 사회악일 경우에는 사람들과의 연대를 통해 맞서야 합니다. 하지만 그런 경우가 아니라면 굳이 이기려 하지 마세요. 이것이 제가 생각하는 삶의 방식입니다.

조금 비굴하게 살면 어떻습니까. 이쪽이 한결 '지속 가능한 평화'에 가깝다면 말이지요. 스스로를 소중하게 여기는 '자존감'만 있다면 누군가를 꼭 이기지 않아도, 때론 져주고 들어가도 아무 문제없습니다. 겸손함과 당당함은 얼마든지 공존할 수 있습니다.

그리고 그거 아시나요? 넘치는 사람은 따가운 눈총을 받지만 모자란 사람은 따뜻한 눈빛을 받는다는 걸. 그것이 바로 '모자람의 미학'입니다.

저는 돌아가신 김수환 추기경을 참 좋아합니다. 그분은 절대로 무게를 잡지 않았습니다. 언젠가 그분께 청소년보호위원장을 맡아 달라는 청이 들어오자 이렇게 답했다고 합니다. "아, 하고는 싶은데 제가 애를 길러 본 적이 없어서 잘할 수 있을까요?"

그분은 어수룩한 사람이었을까요? 절대로 그렇지 않습니다. 조금 어수룩한 듯 연기(?)를 한 것뿐입니다. 그것이 그분이 세상과 어울리는 지혜가 아니었을까 생각해 봅니다.


여러분, 사랑할 시간이 많지 않습니다. 미워하는 일에 시간을 허비하지 마세요. 사랑하는 일에 더 많은 시간을 투자하세요. 시시비비를 가리는 데 시간을 많이 허비하지 마세요. 너무 그렇게 두 눈 동그랗게 뜨지 마세요. 우리가 무엇이 옳은지 어떻게 알겠습니까. 누가 절대적으로 옳다고 주장할 수 있을까요.

인연이 모여 인생이 된다

하느님은 시시비비에 관심이 없을 거라고 생각합니다. 그보다는 선과 악에 관심이 있을 거라고 생각해요. 세상엔 똑똑한 사람도 많고 잘생긴 사람도 많고 돈 많은 사람도 많지만 결국 천국의 입학사정관에게 높은 점수를 받는 사람은 착한 사람, 사랑이 많은 사람일 거예요. 착한 사람은 남을 배려하는 사람이죠.

청춘의 시간에 너무 시시비비를 가리다 보면 빨리 늙어요. 주름살밖에 남는 게 없죠. 맞장 뜨는 삶보다 맞장구 쳐주는 삶이 훨씬 즐겁습니다.


"난 너 그렇게 안 봤어." "너 그럴 줄 알았다."

친구가 큰 실수를 저질러 어려움에 처했을 때, 이렇게 말하는 사람은 친구가 아닙니다. 좋은 친구가 되려면 언제나 시비지심是非之心보다는 측은지심惻隱之心을 앞세우는 게 좋습니다. 나까지 비난의 돌을 하나 더 보태면 뭐하겠습니까. 그럴 땐 손을 잡아 주는 게 제일 좋을 것 같아요. 말은 없어도 괜찮습니다. 큰 슬픔을 당하거나 곤란을 겪은 사람은 꼭 말로 위로할 필요가 없으니까요.

'연민'이라는 말이 있습니다. 그 말에 대한 해석은 각자 다르겠지만, 저는 이렇게 해석합니다.

'내 마음속에 들어온 너의 슬픔.'

상대방의 슬픔이 내 마음속에 들어오는 거예요. 그럴 때 그 슬픔을 내가 어루만져 주어야겠죠.

〈다모〉라는 TV 드라마가 있었죠? 〈다모〉의 명대사가 무엇입니까? "아프냐? 많이 아프냐?"인가요? 아니죠. "아프냐? 나도 아프다"이지요. 누군가 아파할 때 나도 함께 아파할 수 있는 것, 그것이 바로 연민입니다.

여러분, 차갑다는 말 듣지 마세요. 죽었다는 뜻이에요. 딱딱하다는 말 듣지 마세요. 죽음에 가깝다는 말입니다. 부드럽고 따뜻한 것이 좋습니다.


남을 비난하는 일로 많은 시간을 낭비하는 사람이 있습니다. 비난은 하지만 대안은 없지요. 젊은이들에게는 정말 권하고 싶지 않은 태도입니다.

비난의 근거는 아마 정의감일 겁니다. 적절한 비판과 비평은 필요하지요. 원망과 한탄과 넋두리를 하는 시간도 필요하긴 합니다. 단 짧고 굵게 하라는 것이지요. 비판이 길어지면 비난을 위한 비난이 되기 쉽습니다. 영국의 극작가 버나드 쇼Bernard Shaw는 말했습니다.

"할 수 있는 사람은 그것을 한다. 할 수 없는 사람은 그것을 가르치려 든다."

수학에서 우리가 배운 교훈은 어떤 어려운 문제에도 해답은 있다는 사실입니다. 문제를 풀려고 하지 않고 '문제가 있다'고 고함만 지른다면 문제는 오히려 꼬여만 가겠지요.

정의의 다음을 생각하는 것이 지혜라고 생각합니다. 지금부터 어떻게 해야겠다든지, 나는 어떻게 하겠다든지, 그다음 대안을 제시하거나 모범이 될 만한 사람의 이야기를 더 하는 것이 현명한 방법일 것입니다.


요즘은 내가 참으로 축복을 많이 받은 사람이구나, 참 감사하다는 생각을 자주 합니다. 왜 축복을 받았을까 생각해 보니 비교적 온건하게, 친절하게, 따뜻하게 살았기 때문이라는 결론에 이르렀습니다. 덕분에 제게는 앞으로 365일 매일 만날 수 있는 사람이 생겼으니까요.

# 연민

걷잡을 수 없는 물결처럼 세월은

끝없이 흘러가네

우리의 사랑도 세월 따라

그렇게 사라져 가는 걸까


아 그러나 나는 너를 사랑해

강물이 흘러 더 큰 바다로 가듯

한 점 방울로 흩어져 젊음을 잃어도

무엇이 두려우랴 사랑이 있다면

# 빙의 놀이:
## If I were you

오랫동안 친하게 지낸 친구들의 면면을 떠올려 보니, 요즘 말로 상대방에 대한 '공감능력'이 뛰어난 친구들이었습니다. 공감능력이란 쉽게 말해, 내가 이런 말을 했을 때 저 사람 기분이 어떨까를 미리 헤아려서 상대가 기분 나쁘지 않게 하는 거예요. 좋은 사람이란 그런 사람 아닐까요.

말로 어떤 사람을 기분 나쁘게 만들어 놓고선 한다는 소리가, "전혀 그런 의도가 없었어. 별것도 아닌 걸 왜 그렇게 민감하게 받아들여?"라면 어떤가요.

그런 말을 하는 사람은 그리 좋은 사람은 아닐 거라는 생각이 들어요. 내가 이런 말을 했을 때 상대방이 행복할지, 불행할지를 미리 헤아려야 서로 친구가 되는 거지요.

물론 저라고 완벽한 사람은 아닙니다. 그렇게나 상대방을 배려한다고 했음에도 불구하고, 학교에서 면담을 하다가 학생을 울리는(?) 경우가 종종 있어요.

"왜 우니?"

"아니에요, 선생님……."

왜 그랬을까, 가만히 생각해 보니 저도 모르게 '돌직구'를 던진 것 같아요. 위로보다는 유용한 조언을 해주고 싶은 조급한 마음에 너무 정확하게 상대의 문제점을 포착해서 알려 준 것이 문제였던 거지요. 상대방의 깊은 열등감을 건드린 셈입니다.

면담에도 특별한 능력이 필요하겠구나, 말을 정말 조심해야겠구나 하고 반성했습니다.


빙의憑依의 원뜻은 '다른 것에 몸이나 마음을 기댐', '영혼이 옮겨 붙음'입니다. 저는 조금 다른 의미의 '빙의 놀이'를 즐깁니다. 어렸을 때 한창 영어에 맛들일 무렵 무척 좋아했던 말은 'If I were you'였습니다. 발음할 때 입술 모양도 귀엽고 의미 또한 정겹기 때문이지요.

'내가 너라면' 어떤 선택을 할까. '내가 너라면' 어떤 느낌을 가질까. 빙의 놀이는 거기서부터 시작되었던 것 같습니다.

인연이 모여 인생이 된다

상상이 벽을 넘어가 처지가 다른 사람에게 이른다면 그것이 빙의입니다. 사업 실패에 경매로 집까지 날린 가장, 자식이 학교 폭력으로 괴로워하고 있다는 걸 뒤늦게 알아차린 부모, 온갖 불이익을 감내하며 열심히 일했지만 끝내 계약 연장이 안 된 비정규직 청년…… . 뉴스만 보아도 빙의할 소재들로 넘쳐나지요.

이해할 수 없는 행동 뒤에는 반드시 이해할 수 있는 질병이 있습니다. 빙의는 화를 내지 않는 방법이기도 합니다.

살다 보면 화날 때가 참 많지요. 어떤 사람은 너무 무례하고, 어떤 사람은 나를 이용하는 것 같고, 세상이 너무나 어긋나게 돌아가는 것 같을 때 당연히 화가 납니다. 때로는 화도 내보지만, 화를 낸다고 화가 풀리는 것은 아니라는 게 문제입니다.

상대방의 입장이 되어서, 마음의 관점을 달리해서 바라보면 누구나 나름의 이유가 있게 마련입니다. 역지사지易地思之라고 하지요. 그렇게 다른 사람의 입장이 되어 생각하고 말해 보세요.

"그럴 수 있다. 그럴 수 있지. 그럴 수 있어."

화가 날 때는 마음속으로 이 말을 주문처럼 외워 보세요. 우리 마음속 화의 불씨도 잦아들게 됩니다.


역지사지의 거울로 상대방뿐 아니라 나 자신을 비춰 볼 수도 있습니다. 누군가 나를 싫어한다면 내가 그의 행복을 좀먹었기 때문입니다. 누군가 나를 서운하게 한다면 내가 무언가를 잘못 뿌렸기 때문입니다. 뿌린 대로 거두는 것이 세상의 이치이지요.

역지사지하는 자세는 관계를 부드럽게 합니다. 그리고 거기서부터 진정한 소통이 시작됩니다. 제가 생각하는 삶이란 결국 하나의 '대화'입니다. 자신과의 대화는 사색이 되고, 타인과의 대화는 사랑하는 법을 깨우치는 길이 되지요.

역지사지에서 더 나아가 자리이타自利利他의 경지로 발전한다면 더욱 좋겠지요. 타인을 이롭게 하는 것이 스스로를 이롭게 한다는 뜻으로, 나보다 남을 더 배려하는 불교의 이상적 인간상을 일컫는 말입니다. 공자도 말했지요. '기소불욕 물시어인己所不欲勿施於人', 자기가 하기 싫은 일을 남에게 시키거나 강요해서는 안 된다고요.

사람들의 마음속에 이처럼 '자리이타'가 자리 잡는다면 세상은 좀 더 아름다운 곳이 되지 않을까요.

저에겐 세상에서 없애 버리고 싶은 단어가 있어요. '차별'이에요. 저는 차별을 많이 받고 자랐어요. 나이에 비해 동안이고(웃음), 교수도 하고, 방송국 PD도 하고, 사장도 했으니까 제가 승승장구한 걸로만 생각하시는 분이 있는데, 사실 고등학교 때까지 상당히 외롭게 지냈어요. 가난했고 몸도 약했어요. 운동경기를 할 때면 친구들이 저를 잘 끼워 주지 않았고 군대도 신체검사를 네 번 받고 갔어요. 저는 고난의 유익함에 대해 어렸을 때 아주 철저하게 터득했습니다. '고난이 있기에 내가 성장할 수 있다'고 생각합니다. 그리고 다른 사람의 형편을 상상하고 그의 마음을 이해하는 데 지난날의 고난이 많은 도움이 되었다고 생각합니다.

일상에서 빙의 놀이를 습관처럼 해보세요. 내가 저 친구라면, 저 선배라면, 저 동생이라면, 저 선생님이라면, 부모님이라면, 주인이라면, 손님이라면……

결코 이해 못 할 일, 결코 용서할 수 없는 일이 많이 줄어들 것입니다. 그리고 상대방의 감정을 이해하려 노력하고 그 심정을 헤아려 따뜻하게 말할 줄 아는, 배려 깊은 당신 주변에 분명 친구들이 모여들겠지요.

# 윗사람과 아랫사람 사이에서
# 어쩔 줄 모르겠습니다

: 악순환의 고리를 끊는 위대한 사람이 되어 보세요

여러분 제 나이를 아시나요? 제 나이는 올해 예순하나입니다. 제 목표는 일흔 살이 되어도 젊게 보이는 것입니다. 젊음을 유지하는 비결이 무엇인지 아세요? '꾸밀 수 있는 것은 꾸민다'입니다. 그렇다고 시술이나 수술의 힘을 빌리진 않습니다. 저는 수술을 무서워하거든요.(웃음)

비싼 옷을 입는다고 젊어지는 것도 아니겠지요. 저는 마음이 편해야 젊어질 수 있다고 봅니다. 저라는 사람에 대해 이렇게 생각하시면 될 것 같습니다. 젊은이들의 주변을 기웃거리는 사람.

제 친구 중 하나는 저에게 대학생들을 매일 만날 수 있어 좋겠다고 합니다. 자기도 그렇게 젊은이들과 만나 얘기하고 싶다고요. 생각해 보면 정말 그렇지 않나요? 나이 들어서 젊은이들과 이야기할 수 있는 기회가 누구에게나 흔히 있지는 않습니다. 저는 우선 대학생을 만날 수 있는 직업을 가지고 있고(대학에서 학생들을 가르치고 있으니까요), 이렇게 '강연'이라는 형식을 빌려 젊은이들과 만날 수 있기에 행복합니다.

여러분, 저와 오늘 대화를 잘 나눠 봅시다. 그리고 친하게 지내 봐요. 친하게 지낸다는 것은 자주 보는 것을 의미하기도 하지만, 문자로 안부를 묻거나 가끔 식사를 하는 것도 포함합니다. 자, 좋은 인연이 시작되었습니다. 이야기를 시작합시다.

여기 두 친구가 있네요. 한 친구는 제 이야기에 빠져들려고 하는데, 한 친구는 조금 거리를 두려고 하네요. 이 자리에서는 절제할 필요가 없습니다. 대화를 할 때는 평가하는 자세는 잠시 내려놓는 것이 좋습니다. 상대방의 이야기를 온전히 흡수해서 그곳에서 해결책이 나올 수 있도록 하는 것이 대화에 임하는 중요한 자세입니다. 오늘은 자신의 이야기를 친구의 이야기처럼 둘러대셔도 됩니다.(웃음) 그럼 제가 '나라면 어떻게 했을까?' 생각해 보고 말씀을 드릴게요.


**낀 세대 친구** 저는 회사에서 직급으로 보면 중간 정도의 위치에 있습니다. 그런데 부장님과 신입직원의 사이가 좋지 않습니다. 이럴 때 저의 역할이 중요하다고 생각합니다. 윗분들은 나름대로 고집이 있고 여태껏 해온 스타일이 있어 자신들에게 맞추길 원합니다. 그러나 신입들은 왜 우리가 굳이 맞춰야 하는지 모르겠다는 입장입니다. 저는 어느 장단에 맞춰야 할지 모르겠습니다.

**철환 씨** 어느 분야에서 일을 하시나요? 구체적인 사례를 한번 이야기해 보실래요? 방금 하신 말씀은 조금 추상적입니다. 판단을 하기 위해서는 구체적인 사례가 필요할 것 같아요.

**낀 세대 친구** 여행업에 종사하고 있습니다. 하루는 신입이 사무실 열쇠를 가져오지 않는 실수를 했습니다. 처음 있는 일이었고요. 가만히 지켜보던 부장님은 그 신입에게 집으로 돌아가 열쇠를 가져오라고 시켰습니다. 사실 다른 사람들도 열쇠가 있었고, 신입이 열쇠를 가져오지 않았다고 사무실에 들어가지 못할 상황도 아니었거든요. 그러자 신입은 또 진짜로 집에 가서 열쇠를 가지고 왔습니다.

부장님은 선임인 제가 후배들을 너무 풀어 주니까 이렇게 직원들 정신이 해이해지는 거라며 야단치시고, 신입들은 신입들대로 아침에 정신없이 출근하다 보면 열쇠를 두고 올 수도 있는 것 아니냐고 불만입니다.

**철환 씨** 제가 보기에 이것은 태도의 문제입니다. 그 신입직원이 열쇠를 가지고 오지 않은 자신의 실수를 인정하고 부장님에게 죄송하다고 말

인연이 모여 인생이 된다

했으면 좋았을 듯합니다. 아마 부장님은 열쇠를 가져오지 않은 사실보다는 실수를 했을 때 보인 그 직원의 태도가 못마땅했을 가능성이 커 보입니다.

사실 우리가 살아 보면, 그렇게 많은 사람이 괴팍할 확률은 적습니다. 그러나 하필이면 그 부장님이 괴팍한 사람일 수도 있겠죠. 그리고 다른 사람도 열쇠를 가지고 있었음에도 불구하고 신입을 집까지 보내 열쇠를 가져오게 한 것은, 아무리 보아도 성숙한 행동은 아니지요. 그럴 때는 당신이 이렇게 말해 보는 건 어떨까요.

'부장님, 그 신입이 집안에 좋지 못한 일이 있어서 정신을 못 차린 것 같습니다. 한 번만 이해해 주세요.' 부장님이 화를 내도 이렇게 넉살을 부려 보세요. '아직 어리잖아요. 부장님, 제가 잘 가르칠게요.' 필요하다면 연기도 해보세요. 부장님에게는 신입을 야단치는 것처럼 보이게 하고, 신입에게는 따로 잘 이야기를 하는 겁니다. 어쩔 수 없어요. 이렇게 하나씩 문제를 해결해 나가는 수밖에요.

그리고 한편으로는 이렇게도 생각해 보세요. 만약 회사 상사 대부분이 짜증이 많다면 업무 대비 월급이 적을 확률이 높습니다. 저는 그게 인지상정이라고 생각합니다. 월급을 충분히 받으면 짜증 낼 일도 좋게 넘어갈 수 있습니다. 그런 시각으로도 한번 상사들을 바라보세요.

조직에는 'Good'인 사람도 있고, 'Great'인 사람도 있습니다. Great, 위대한 사람은 안 좋은 것을 좋은 것으로 바꾸는 사람입니다.

만약 회사 상사들이 전반적으로 불친절하다면 그 회사의 근로 조건이나 사내 문화에 문제가 있다는 신호입니다. 우선은 이 회사에 계속 다닐 것인지, 그만둘 것인지를 생각해 보세요. 그리고 계속 다니겠다는 입장이라면 본인이 조직을 이끌어 보세요.

조직 문화가 나쁜 곳에서는 소위 맞은 사람이 또 때리는 악순환이 반복됩니다. 악의 대물림이죠. 그렇게 하시면 안 됩니다. 본인이 어떤 역할을 할 수 있을지 고민해 보고, 조직을 좋은 곳으로 바꾸는 위대한 사람이 되어 보는 건 어떠세요.

# 셋,
# 마음이
# 몸이 된다

인간관계에서는 보이는 것도 중요하다고 생각합니다. 보이는 게 더 중요하다! 는 뜻이 아니라, 보이는 것에도 나름의 의미가 있다는 말입니다. 그렇지 않다면 하느님께서 왜 우리에게 눈을 주셨을까요. 보라고 주신 거겠지요.

누군가에게 어떻게 보이느냐 하는 것의 중요함을 간과하면 안 됩니다. 내가 정말 친절한 사람이라면 다른 사람이 보기에도 친절한 사람이어야 합니다. "그 사람 알고 보면 마음은 친절한 사람이야"라는 식의 말은 이해하기 힘든 말입니다. '알고 보면'이라니요? 사람들은 누군가를 그렇게 알고 보질 않는데 말이죠.

즉 보이는 것에 대한 가치도 있다는 얘깁니다. 좋은 친구가 되고 싶다면, 내가 어떻게 보일 것인가에 대한 나름대로의 연구와 준비와 학습과 훈련이 있어야 합니다.

약간의 연기력이 필요할 수도 있습니다. 연기는 가식이라고요? 과연 그렇기만 할까요?

영화배우가 감독보다 훨씬 돈을 많이 벌어요. 왜 그럴까요? 배우가 하는 일은 그 사람이 되는 것이고, 감독이 하는 일은 그 사람이 되라고 요구하는 것이기 때문입니다. 연기란 누군가를 흉내 내는 것이 아니라, 진짜 그 사람이 되는 것입니다. 하라고 요구하는 것보다 직접 하는 것에 우리는 이처럼 더 높은 가치를 매깁니다.

그러니 "그 사람 그거 다 연기야"라고 함부로 말할 수 없는 일입니다. 완벽한 연기는 이미 그 사람이 된 것이거든요.

"그 사람 착해 보이지? 난 저 사람 본모습을 알아."

다른 사람에 대해 이런 식으로 말하며 깎아내리려는 경우가 있습니다. 알긴 뭘 안다는 얘긴지요? 그건 아는 게 아니라 미워하는 거지요.

사랑이란 내가 한 것이 아니라, 그가 받은 것입니다. 상대방이 받아야, 상대방에게 전해져야 사랑이지요. 상대방은 받지도, 보지도 못했는데 주었다고 주장한다면 얼마나 황당한 일인가요.

안 보고 믿는 것을 신앙이라고 합니다. 하지만 우리가 발붙이고 사는 곳은 인간의 세계잖아요. 내 맘 알지? 그걸 어떻게 압니까. 말로, 행동으로 표현해야 상대방에게 제대로 전달될 수 있겠지요.

개인적으로 저는, 사실 어떤 의미에서 굉장한 외모 지상주의자일지 몰라요. 그렇다고 제가 어느 날 미남 배우 장동건이나 원빈같이 바뀔 수는 없겠지요. 하지만 제가 할 수 있는 범위 안에서 현실적인 노력을 게을리하지 않는답니다. 그 결과 나이에 비해 훨씬 젊어 보인다는 소리를 주변에서 많이 들어요. 이건 어디까지나 후천적인 관리의 결과라고 자부합니다.

사무엘 울만의 시 〈청춘〉에 이런 구절이 있습니다.

'청춘이란 인생의 어떤 시기가 아니라 그 마음가짐이라네 (…) 청춘은 겁 없는 용기, 안이함을 뿌리치는 모험심을 말하네 (…) 나이를 먹어서 늙는 것이 아니라 이상을 잃어서 늙어 간다네.'

제가 늘 하는 말이 있습니다. 늙는 건 '단순미래'의 결과지만 귀엽게 늙는 건 '의지미래'의 산물이라고요. '젊다'와 '늙다'의 품사를 아시나요? '젊다'는 형용사, '늙다'는 동사입니다. 늙는 건 진행형이므로 외형의 노화를 막을 수는 없겠지요. 하지만 젊음은 마음에 달려 있습니다. 동안童顏은 영원할 수 없지만 동심童心은 무덤까지 가지고 갈 수 있습니다.

보이는 것에 해당하는 요소는 여러 가지가 있겠지만, 그중에서도 특히 인상이 중요하다고 생각합니다. 인상이라는 것은 한마디로 그 사람을 둘러싼 토털 이미지예요. 저는 인상에 가장 큰 영향을 미치는 것이 표정과 말씨라고 생각합니다. 제가 말하는 외모란 정확하게는 표정입니다. 표정에는 마음이 나타납니다.

표정表情은 문자 그대로 감정의 표현이지요. 사람마다 고유한 표정이 있어요. 기본 표정이 '분노'인 사람도 있어요. 다가가기 무서운 표정, 방어기제로서의 표정도 있고요.

제 기본 표정은 무표정이에요, 사실은. 그게 원래 제 얼굴이에요. 하지만 저는 어린이가 되려고 노력하는 사람이기도 합니다. 기본적으로 어린이처럼 살고 싶어요. 그래서 의식적으로 어린이의 표정을 따라합니다. 호기심, 놀람, 기쁨! 원래 타고난 표정을 어린이처럼 만들기 위한 학습과 훈련이 되어 있어요. 우리 고모님이 그러셨거든요. 제겐 어머니이기도 한 분인데, 감정 표현이 굉장히 다양한 분이어서 그분께 많은 걸 배웠지요. 표정 중에 무표정은 정말 아니에요. 보기에 결코 좋지가 않습니다.

밝음을 추구하는 표정! 그렇게 밝은 표정을 지어야 그걸 좋아하는 밝은 사람들이 또 주위에 모여드는 거예요. 이건 굉장히 중요한 사실입니다.

밝은 표정에 있어서 모델로 삼고 싶은 사람이 있어요. 바로 영화 〈죽은 시인의 사회〉에 나오는 키팅 선생님입니다. 키팅 선생님의 표정과 말투와 행동을 한번 보세요. 밝고 자신감이 넘칩니다. 특히 수많은 학생들을 대하는 선생님은 이렇듯 표정이 밝아야 해요. 키팅 선생님은 제가 살면서 연구해야 할 사람 중 한 명입니다.

기본적으로 저는 속물적인 인간이라 인기를 끌고 싶어 합니다. 인기를 끌고 싶은데 화를 내선 안 되겠지요. 내가 화를 내면 친구를 잃고 사람들이 나를 싫어할 거라 생각하면 화가 저절로 연소되어 버립니다.

또 하나 중요한 사실은, 화를 낸다고 화가 풀리지는 않는다는 것입니다. 화를 내면 인간관계의 균열과 파탄이 일어나고 친구를 잃게 되니 그 얼마나 손해인가요. 반면 화를 내지 않으면 분명히 이익이 있습니다. 화내는 타이밍을 잘 잡으면 효과적이라고요? 그러나 화내는 타이밍을 잡는 것은 웬만해선 쉽지 않은 일입니다. 차라리 화내지 않는 훈련을 꾸준히 하는 편이 더 낫다고 봅니다.

자신의 분노를 어떻게 처리할지 고심하는 것은 인품을 만들어 가는 과정입니다. 아무데서나 분노를 표시하는 건 공공장소에서 아무데나 분노를 투척하는 것과 같습니다. 나의 의지로 미래를 바꿀 수 있습니다. 적어도 화내는 일에 관해서는 분명히 그렇습니다.

인상은 대체로 그릇된 믿음을 갖게 하지 않는다고 생각해요. 저는 직업상 연예인들을 많이 봐왔어요. 어쩌면 미디어에 자주 나오는 연예인들은 인상이 좋은 사람이라고 봐도 무방할 듯합니다. 여러분이 즐겨 보는 프로그램인 〈무한도전〉만 봐도 그렇지요.

유재석 씨가 눈앞에서 직접 볼 수 있는 사람은 많기 어렵겠지만, 거제도에 사는 어린이도 유재석 씨에게 친근감을 느낍니다. 박명수 씨는 결코 잘생긴 것도, 따뜻한 인상도 아니지만 그의 솔직한 자기표현이 비슷한 삶을 사는 사람들에게 희망과 용기를 주지요. 뭔가 가깝게 지내면 괜찮을 것 같은 느낌이랄까요. 노홍철 씨는 실은 꽤 잘생긴 사람인데, 점잔 빼고 무게 잡는 대신 지극히 가벼운 삶을 선택했어요. 오버하고 스스로를 해체하는 모습을 보면서 시청자들은 저렇게 잘생긴 사람도 망가지는구나 하는 친근감을 느껴요.

심술꾸러기, 욕심꾸러기, 장난꾸러기 등 친근한 캐릭터와 유재석의 온유한 리더십이 절묘하게 어우러져 〈무한도전〉만의 재미를 만들어 냅니다.


저에게는 저만의 생존전략(?)이 있습니다. '귀여운 사람이 되자'입니다. 저는 저 자신을 연구하고 실험도 합니다. 제가 자란 환경이 저를 그렇게 만든 것 같습니다. 어머니가 일찍 돌아가셨고, 가정형편이 여의치 않아 형제자매들과 떨어져 살았습니다. 혼자 서울 돈암동 가게에서 장사하며 사시던 고모님이 저를 입양해 키워 주셨지요. 고모님은 생계

인연이 모여 인생이 된다

를 유지하느라 무척 바쁘셨습니다. 학교 문턱에도 안 가본 분이었지만 비상한 기억력과 탁월한 친화력을 가지고 계셨습니다. 앞서 표정 얘기를 할 때도 말했지만, 누구에게나 친절하셨고 표정의 절반은 미소였습니다. 저는 그 모습을 보면서 자랐지요. 고모님은 또한 칭찬의 달인이었습니다. 언제나 저를 과대평가하셨지요. 그래서 저는 정말로 제가 잘난 줄 알고 자신감을 가질 수 있었습니다.

사투리 쓰는 결손가정의 어린이가 인정받고 사는 길은 무엇이었을까요. 선생님과 가게 손님들은 저를 측은하게 여겼을 겁니다. 그분들은 제 머리를 쓰다듬으면서 '그 녀석 참 귀엽다'라고 자주 말씀하셨지요. 그때 저는 마음먹었습니다. '귀염 받는 사람이 되어야 산다.'

제가 갑자기 영화배우처럼 잘생겨질 수는 없잖아요. 하지만 마음먹기에 따라 얼마든지 귀여운 사람은 될 수 있습니다. 귀여운 건 잘난 것과는 다르지요. 잘난 사람은 부러움이나 시샘의 대상이지만 귀여운 사람은 함께 오래도록 있고 싶은 대상입니다.

요즘 제가 나름 미는(?) 말이 바로 '마음이 몸이 된다'입니다. 친절한 마음을 가지면 친절한 몸이 되는 거죠. 어떤 마음이냐에 따라 그 사람이 말하는 속도라든지, 태도가 달라집니다.

예를 들어 전 축구 대표선수 이영표는 카메라를 보는 그만의 고유한 각도가 있어요. 저는 그걸 '이영표 각도'라고 하는데, 바로 겸손의

각도로 이야기하는 거지요. 그런 작은 모습들이 그 사람이 전반적으로 어떤 삶을 사는 사람인지를 보여 줍니다.

인류 보편의 감정이라는 게 있지요. 그 사람의 피부 색깔이 어떻든 우리는 그 사람의 얼굴을 보고 지금 화가 났는지 기쁜지 알 수가 있죠. 그건 아마 강아지도 알 거라고 생각해요. 함께 있으면 편안하고 행복감을 주는 사람, 그런 사람이 되려면 따뜻한 표정을 짓는 것이 중요합니다. 따뜻한 표정이 뭐냐고요? 제 생각에 그건 이미 여러분도 다 알고 있으리라 생각합니다.

생각은 말이 되고, 행동이 됩니다. 행동은 습관이 되고, 성격이 되지요. 성격은 인격이 되고 결국 한 사람의 운명을 만들어 갑니다.

왼쪽의 무표정한 얼굴은 원래 타고난 제 얼굴, 오른쪽 얼굴은 제가 동심과 호기심으로
연출한 얼굴입니다. 여러분, 어떤 얼굴에 더 호감이 가십니까?

# 저만의 경쟁력을
# 갖추기가 쉽지 않습니다

: 이야기는 풍성할수록 좋습니다

**취준생 친구** 이십 대에 장교 생활을 했고 서른이 되면서 새롭게 쇼 호스트가 되려고 준비하는 취업 준비생입니다. 학교에서는 심리학을 전공했고요. 나름 확신을 가지고 준비하고 있는데…….

**철환 씨** 잠깐만요, 중간에 끼어들어 미안합니다만, 확신하지 마세요. 그보다는 혁신을 하세요. 확신이란 인간이 하기 어려운 경지이기 때문입니다.

**취준생 친구** 아 네. 그런데 현실의 벽에 부딪혔습니다. 동네에서는 제가 꽤나 괜찮다고 생각했는데, 비슷한 사람들끼리 모이고 보니 상황이 달라졌습니다. 경쟁력을 키우기 위해 저만의 캐릭터를 찾고 있습니다만, 생각처럼 만만하지가 않습니다.

**철환 씨** 세상일이 생각처럼 만만하면 삶이 이토록 힘들지 않겠지요. 우선 본인의 이름을 가지고 어필하는 것이 어떨까 합니다. 저는 질문하신 분의 이름, 마○○라는 이름은 처음 들어봤습니다.

일단, 기본적으로 자신감이 있어 좋습니다. 열등감을 가진 사람을 바꾸는 것은 매우 어려운 일이거든요. 그런 사람들에겐 포용이 필요하고 시간이 필요합니다.

그러나 질문하신 분은 자신감이 넘치는 데다 자신의 위치를 정확히 알고 있습니다. 경쟁자를 보면서 저 사람이 오히려 쇼 호스트 자리에 맞을 것 같다고 생각한 자체가 그렇습니다.

1972년생 연예인 중 대성한 사람이 많다는 걸 아시나요? 그런데 저마다 색깔이 다 다릅니다. 유재석이 장동건처럼 되려고 했다면, 박진영이 장동건처럼 되려고 했다면, 서태지가 배용준이 되고 싶었다면 어떨까요?

즉, 자기 자신을 안다는 것이 중요합니다. 자신을 모르면 못난 놈, 자기밖에 모르면 못된 놈이라지 않습니까. 자기 자신의 매력이 무엇인지를 알아야 합니다. 그다음 필요한 것이 능력과 협력입니다. 그리고 사력을 다해야 합니다.

능력은 쇼 호스트라는 전문직에서 필요로 하는 능력을 말합니다. 이분은 이미 최종면접까지 갈 수 있는 외모입니다. 외모는 신경 안 써도 될 것 같네요.

이제 콘텐츠가 필요합니다. 상대를 만족시킬 무언가가 필요합니다. 스스로가 아닌, 고객을 만족시켜야 합니다. 고객은 당신의 무엇을 좋아하고 싫어하는지, 치밀하게 연구해야 합니다. 면접관들은 당연히 소비자가 선호하는 쇼 호스트를 뽑지 않겠습니까.

집에서 TV를 보면 쇼핑 채널이 굉장히 많은데, 제가 보기에 쇼 호스트들이 다 똑같아 보입니다. 어쩌면 이 점이 당신께 기회가 될 수 있을지 모릅니다.

기존의 쇼 호스트들이 하나같이 약장사하듯이 물건을 판다면, 당신은 그와 달리 속삭이듯이 한다면, 노래를 한다면, 한 편의 시를 소개한다면, 아니면 마술을 하는 쇼 호스트라면 어떨까요? 소비자는 당신만의 특별한 무언가를 느낄 수 있을 겁니다.

그런데 말이 나왔으니, 마술 어떠세요? 성도 마 씨이고, 얼굴이 마술사 같으신데. 얼굴에 마술사 이은결과 최현우의 얼굴이 보여요. 제가 직업상 이력상 나름 보는 눈이 있잖아요.

만약 당신이 이런 차별된 방법으로 시청자의 마음을 사로잡을 수 있다면, 당신은 쇼 호스트만이 아니라 다른 세계를 만날 수도 있습니다. 오직 쇼 호스트가 되는 데만 목표를 두지 마세요. 연예인이 될 수도 있는 거잖아요. 그러다 연기에 관심이 생기면 극단에도 찾아가 보는 겁니다.

예전에 영화배우 설경구 씨 인터뷰를 본 적이 있습니다. 설경구 씨는 대학을 졸업하자마자 대학로에서 포스터 붙이는 일을 했다고 합니다. 그러다 영화감독의 눈에 띄어 촬영하게 되었답니다. 지금 그는 어떤가요? 대한민국 최고의 배우 중 한 사람이죠.

쇼 호스트의 길 하나만 딱 설정해 놓고 마냥 기다리지 마세요. 쇼 호스트가 안 되면 어디든 취직을 해서 일을 해보세요. 할 수 있는 건 다 해보세요. 어디에서건 '이 사람 이곳에만 있기엔 아까운 사람이다'라는 말을 들어보세요. 자기만의 이야기를 많이 만드세요. 이야기는 풍성할수록 좋습니다.

신이 주신 최고의 선물은 시간입니다. 한탄하고 고민할 시간에 어디든 나가서 일을 하고 돈을 버십시오. 스스로 일해서 돈을 버는 건 무척 중요한 일입니다.

가만히 앉아서 되는 것은 없습니다. 세상은 녹록하지 않고 세상엔 나보다 더 뛰어난 사람들이 많고 많습니다. 자신을 방 안에만 있게 하는 것은 감옥살이하는 것과 같습니다. 밖으로 나가 사람들과 무엇인가를 나눠야 합니다.

장교 생활을 했으니 리더십에 대한 것을 어필할 수도 있겠군요. 심리학을 전공했다니 그것도 이야기의 훌륭한 소재가 될 수 있을 겁니다. '저는 심리학을 전공한, 사람들의 마음을 훔치는 마술사 마ㅇㅇ입니다'라고 자신을 소개해 보는 건 어떻습니까.

# 퀴즈 아카데미

꽃바람 부는 대로 흐르는 세상 뭐 신 나는 게 없을까

가는 대로 버려두긴 아까운 날들 멋지게 살아 보세

어린 시절에 꿈을 꾸었지 오 내 친구야

이제는 떠나야지 꿈들을 찾아 퀴즈 아카데미로

# 넷,
# 빈말의
# 진심

세상에는 친절한 사람을 곱게 보지 않는 시선도 있어요. "저 사람은 친절한데 분명 목적이 있어"라고 말하면서요. 잠깐만요, 그 목적이란 거, 정말로 목적이 있는지 드러났을 때 이야기해도 늦지 않은 게 아닐까요.

어떤 사람은 친절한 말에 대해 달콤한 말, 감언이설甘言利說, 심지어 빈말이라고 하기도 합니다. 저도 가까운 분에게 그런 말을 들은 적이 있습니다.

"선생님은 왜 그렇게 빈말을 많이 하세요?"

이분이 바로 여러분도 잘 아는 탤런트 김혜자 선생님인데, 그토록

인연이 모여 인생이 된다

온화한 분도 처음에 제게 이런 말씀을 하셨어요. 그래서 제가 설명을 드렸습니다.

"선생님, 제가 생각할 때 빈말이라는 건, 그 사람의 삶이 앞으로 행복해지는 것과 상관없이 순간을 모면하기 위해서 하는 말이라고 생각합니다. 제가 만약 전혀 다른 모든 사람에게 똑같은 말을 한다면 그건 빈말일 겁니다.

하지만 저는 사람들에게 똑같은 말을 하지 않아요. 박명수 씨에게 하는 빈말과 박경림 씨에게 하는 빈말이 다르고, 장동건 씨에게 하는 빈말과 강부자 선생님께 하는 빈말이 달라요.

제가 하는 말은 주로 덕담이나 격려나 칭찬의 말인데, 저는 그 말을 하기 위해서 사실 그 사람을 굉장히 정성껏 관찰합니다. 관찰을 통해 발견한 그 사람의 장점을 얘기해 주는 거지요. 그 사람이 알고 있으면 아는 대로, 모르고 있으면 모르는 대로. 그건 결국 빈말이 아니라고 생각합니다."

그러자 김혜자 선생님은 "그렇네요!" 하며 공감을 표해 주셨어요.


사람을 사귀는 데 관찰과 대화는 중요한 요소라고 생각합니다. 누군가를 관찰하려면, 우선 관찰하고 싶어야겠죠. 저는 어려서부터 사람을 관찰하는 걸 무척 좋아했어요. 사람은 참 신비하잖아요. 하나의 우주이지요.

어쩌면 제 성장 과정이 저를 이런 사람으로 만들었는지 모르겠습니다. 사람을 보는 게 제 어린 시절의 놀이였거든요. 고모님이 서울 돈암동 시장에서 가게를 하셨기에 늘 시장 사람들 가운데서 자랐어요. 한마디로 '시장 어린이'였던 셈이죠. 동네 누나, 단골손님, 이웃 가게 사람들 등, 사람을 보는 게 재미있었어요.

사람에 대한 관심은 관찰을 낳습니다. 즉 관찰 이전에 관심이 있어야 한다는 얘기인데, 그러려면 주변에 매력적인 사람들이 많아야 하겠지요. 같이 있으면 굉장히 행복해지는 사람이 있지요? 제 주변엔 그런 사람들이 많아요. 그 사람과 함께 있고, 그 사람에게 이야기하고, 제 이야기를 듣는 그 사람의 반응을 관찰하는 걸 좋아합니다.


관찰은 눈으로 보는 것, 통찰은 마음으로 보는 것, 성찰은 그것을 자기 자신에 대입시키는 것입니다. 그러니 사람을 많이 만날수록 자신을 보는 눈이 생깁니다. 이렇듯 타인은 모두 나의 거울입니다. 나를 좀 더 알기 위해서라도 거울을 봐야 하겠지요.

누군가에게 관심을 가지고 관찰했는데 그 사람도 내 관심과 관찰에 반응을 하면 관계를 맺게 되는 거예요. 제가 자주 화제로 삼는 '인생사관학교'라는 게 있습니다. 인간관계에서 '4관'이 중요한데, 4관은 관심, 관찰, 관계, 관리입니다.

상대에게 따뜻한 관심을 가지고, 서로의 장단점을 관찰한 후, 다가

인연이 모여 인생이 된다

가 관계를 맺은 후에는, 정성을 다하여 관리해야 합니다.


　반면 진심이 상처를 주는 경우도 있습니다. 진심은 칼과 비슷합니다. 칼집에서 나오는 순간 자를 수도 있고 찌를 수도 있습니다. 깎을 수도 있지만 벨 수도 있습니다. 그래서 진심을 사용할 때는 지혜와 용기와 절제가 필요합니다. 칼끝이 어디로 향하는지 조심스러워야 합니다. 우리나라 속담에도 '혀 아래 도끼 들었다'는 말이 있지 않습니까. 아무리 진심이라도 내 말이 다른 사람에게 상처를 입힐 수 있음을 기억해야 합니다.

　솔직함과 정직함은 차이가 있습니다. 거짓말을 하지 않는 것이 정직함이지요. 하지만 솔직함은 내 마음속의 판단이기 때문에 옳을 수도, 틀릴 수도 있습니다. 솔직함을 드러낼 때는 세심한 주의가 요구됩니다.

　솔직한 감정을 전달하는 것이 평화를 깨는 경우도 적지 않습니다. '솔직히 말해서'라는 발언은 관계를 망가뜨리기 쉬운 말입니다. 솔직함을 앞세워 나쁜 씨앗을 뿌리지 마세요.

　"솔직히 나는 당신이 이해가 안 돼."

　이런 말은 내 마음속에 사랑이 부족할 때 나오는 것입니다. 그런 생각은 속으로 하면 되지요. 굳이 상대의 감정을 건드릴 이유가 없지 않을까요.

그럼 어떻게 하는 것이 좋을까요? 저는 따끔한 말 두 마디, 따뜻한 말 여덟 마디, 이 비율이 딱 좋은 것 같습니다.

앞서 관찰 이야기를 했는데, 관찰이란 무척 중요한 것입니다. 관찰하는 데는 사실 시간이 걸리고 애정도 필요합니다. 친구가 되는 길이니 당연히 시간도 걸리고 품도 들겠지요. 눈이 있다고 다 보이는 것은 아니거든요. 우리가 두 눈을 뜨고도 제대로 보지 않고 흘려보내는 것들이 얼마나 많습니까. 관찰에는 공이 듭니다. 그렇게 시간과 공을 들여서 우리는 친구를 얻을 수 있는 것이지요.

사람뿐만이 아닐 겁니다. 세상 모든 것이 그렇지 않을까요. 애정을 가지고 천천히 바라보면 그때부터 무표정하게 침묵하던 것들이 말을 걸어오고, 아무것도 아니던 것들이 특별한 의미로 다가옵니다. 사람이든 세상이든 그렇게 친구가 되는 거지요.

보는 얘기가 나왔으니, 제가 만든 '5시의 법칙'을 소개해 볼까요.

저는 개인적으로 숫자 5를 좋아합니다. 그래서인지 5와 관련한 비밀(?)을 꽤 저축해 놓았습니다.

우선 좋은 사람이 되기 위해서는 오상五常, 즉 인의예지신仁義禮智信을 갖추어야 합니다. 어질고, 의롭고, 예절 바르고, 슬기롭고, 믿음직하다면 세상에 두려울 게 무엇일까요. 자신에게 부족한 항목을 살펴

인연이 모여 인생이 된다

부지런히 보완한다면 좋은 사람이 되는 건 시간문제일 겁니다.

또 온화, 양순, 공손, 검소, 겸양을 오덕五德이라 부르는데, 이 오덕은 세상에 적을 만들지 않고 사는 귀한 비결이지요.

여기에 제가 만든 5성五性과 5시五視를 더해 봅니다. 개성, 품성, 지성, 근성, 정성이 5성이고 시각, 시선, 시점, 시야, 시력이 5시입니다.

관찰, 보는 것의 중요성을 말씀드렸지만, 특히 5시를 놓치지 말라고 말하고 싶습니다. 5시를 간단히 정리하면 시각視角은 개방적으로, 시선視線은 따뜻하게, 시점視點은 전지적으로, 시야視野는 멀리, 시력視力은 명료하게 하라는 것입니다.

폐쇄적 시각, 냉정한 시선, 주관적 시점, 좁다란 시야, 근시안적 시력으로는 세상을 맑고 밝게 만들 수 없겠지요.


사람의 관계란 만나고 만지고 만드는 것. 사람과 사람이 만나서 관계를 맺고, 대화를 통해 서로를 만집니다. 그러한 눈길과 손길로 서로를 만들어 갑니다.

관심과 관찰에서 비롯된 진심 어린 '빈말'을 건네 보세요. 분명 아름다운 관계가 꽃필 거름이 될 것입니다.

# 다섯,
# 친절을 의심하게
# 하는 것들

그럼에도 불구하고 친절에 거부감을 느끼는 경우가 종종 있습니다. 상대방에게 뭔가 좋은 말을 했다고 합시다. 그럼 농담처럼 "빨리 말해. 원하는 게 뭐야?"라는 말이 되돌아오곤 합니다. 글쎄요, 제게 굳이 원하는 게 있다면 상대방의 친구가 되는 것이겠지요.

그래서 저는 만약 원하는 게 있을 때는 두괄식으로 말하라고 합니다. 돈이 필요하다, 도움이 필요하다 등 필요한 용건부터 먼저 말하라는 것이지요. 그렇지 않고 한참 후에 진짜 용건을 꺼내면 앞의 좋았던 모든 이야기들이 수포로 돌아갑니다. 결국 이걸 얻기 위해서 지금껏 연극을 했나 하는 생각이 드는 것이지요. 좋은 얘길 한참 한 후에 카탈

로그를 꺼내 놓는 건 아니올시다란 거죠.


마음의 3대 악*이 있습니다. 의심, 근심, 욕심이 그것입니다. 의심은 마음의 고름이요, 근심은 마음의 주름이요, 욕심은 마음의 기름입니다. 이 세 가지를 줄여야 삶이 즐거워집니다.

의심이 생기는 것은 일종의 트라우마 때문입니다. 예전의 안 좋았던 경험이 의심을 가져오는 거지요. 자라 보고 놀란 가슴 솥뚜껑 보고 놀라는 것처럼 말이지요. 자기 치유가 필요한 일입니다.

근심은 정말로 쓸 데가 하나도 없는 것입니다. 이럴 땐 얼른 마음의 채널을 바꾸는 수밖에 없습니다. 의심은 그나마 조금 도움을 줄 때도 있지만, 근심은 우리 삶에 도움이 되는 구석이 하나도 없거든요. 근심할 시간에 빨리 방향을 틀어 다른 걸 하든지, 아니면 장점을 살려 다시 시도해 보든지 빨리 결단을 내려야 합니다.

그런가 하면 욕심은 결국 근심이 됩니다. 짐이 되어 인생을 무겁게 만들지요.

이 세 가지는 특히 젊은이에게는 결코 어울리지 않습니다. 의심을 호기심으로, 근심을 관심으로, 욕심을 동심으로 바꿔 보세요. 내 마음의 고름과 주름과 기름을 쫙 빼고 가볍고도 힘차게 약진하세요.


물론 살다 보면 꺼려지는 친절도 있긴 합니다. 과잉 친절은 조심을 하게 됩니다. 서로 안 지 얼마 되지도 않았는데, "너무 좋아요"라는 표현을 서슴지 않는다면, 이 사람은 조심해야겠구나 하는 생각이 드는 겁니다. 쉽게 뜨거워진 방바닥이 쉽게 식는다고 했던가요. 그런 과잉 친절이나 일시적인 표현엔 일희일비할 필요가 없습니다.

〈나는 너를〉이란 노래를 아세요? 그 가사는 이렇습니다.

시냇물 흘러서 가면, 넓은 바닷물이 되듯이
세월이 흘러 익어 간 사랑, 가슴속에 메워 있었네

세월이 흘러 익어 간 사랑, 이게 참 좋은 거예요. TV 프로그램 〈개그콘서트〉의 '달인'이라는 코너에서 맨날 그러잖아요. 16년간 그것만 해온 전문가라고요. '만 시간의 법칙'이란 것도 있고요. 연금술사도 그런 것 아니겠습니까. '꾸준히'가 중요한 것 같아요. 뜨거운 건 그렇게 믿음이 안 가죠. 뜨거운 건 식게 마련이거든요. 서서히 따뜻해지는 것, 그것이야말로 정말 눈물겹습니다.

이렇듯 우리 삶에서, 인간관계에서 시간이 중요합니다. 세상은 불공평할지 몰라도 세월은 공평합니다. 시간이 지났을 때 우리는 알게 되지요. 그것의 진짜 정체를.

인연이 모여 인생이 된다

# 다 지나간다

한숨도 근심도 눈물도 웃음도 다 지나간다

사랑도 이별도 성냄도 시샘도 다 지나간다

슬픔도 기쁨도 박수도 갈채도 햇살도 빗물도 바람도 구름도

안개도 이슬도 무지개마저도 다 지나간다 다 떠나간다

한숨 근심 눈물 웃음 사랑 이별 다 지나간다

성냄 시샘 슬픔 기쁨 박수갈채 다 지나간다

내리쬐는 햇살 떨어지는 빗물 비껴 부는 바람 무심히 떠도는 구름

새벽안개 아침이슬 무지개도 다 지나간다 다 떠나간다

# 여섯,
# '기브 앤 테이크'는
# 잊어라

〈송학사〉라는 노래가 있는데, 가사가 이렇습니다.

산모퉁이 바로 돌아 송학사 있거늘
무얼 그리 갈래갈래 깊은 산속 헤매느냐

저한테는 이 노래가 딱 친구에 관해 이야기하고 있는 것같이 느껴집니다. 친구 찾아 삼만 리 갈 필요 없다는 것이죠. 친구는 아주 가까이에 있습니다. 멀리 갈 필요도 없이 저와 제 아들의 관계도 친구, 저와 제 아내의 관계도 친구라고 볼 수 있습니다. 저와 우리 제자들도 친구

인연이 모여 인생이 된다

같은 느낌이에요.

나이가 비슷해야 친구라는 건 고정관념이지요. 나이와 상관없이 같이 있을 때 마음이 편한 사람이 친구 아닐까요. 서로 마음이 편안한가, 그것이 중요합니다.

마음이 불편하기 시작하면 친구가 될 수 없습니다. 불편해지는 이유는 뭘까요. 한 사람이 뭔가 요구하기 시작하면 그때부터 관계는 불편해지게 됩니다.

그런 점에서 친구는 연인과는 다르죠. 연인은 마음이 설레는 사이입니다. 연인은 설렘, 친구는 편함. 친구는 그 사람이 행복했으면 하고 바랍니다. 반면 연인은 그 사람이 행복하기를 바라기보다는 그 사람을 통해서 내가 행복해지기를 바라지요. 친구 사이란 이처럼 그 사람을 기쁘게 해주고 싶은 사이예요. 물론 연인 중에는 친구 같은 연인도 있겠지요.

친구는 순식간에 들뜨는 사이가 아닙니다. 시간이 지나면서 점점 나와 맞아 들어가고 점점 서로 닮아 가는 사이인 거죠.

우리는 직접 만나지 않아도 친구가 될 수 있습니다. 책과 영화, 음악을 통해서요. 어떤 책을 읽었는데 저자의 생각이 무척 마음에 들고, 이 책을 쓴 사람의 영혼이 굉장히 맑은 것 같고, 좋은 사람일 것 같다면 저는 그 사람을 친구로 생각합니다.

'시집 한 권에 삼천 원이면 / 든 공에 비해 헐하다 싶다가도 / 국밥이 한 그릇인데 / 내 시집이 국밥 한 그릇만큼 / 사람들 가슴을 따뜻하게 데워줄 수 있을까? / 생각하면 아직 멀기만 하네'란 시가 있어요. 이 시를 떠올릴 때마다 마음이 따스해지는 걸 느낍니다. 함민복 시인의 〈긍정적인 밥〉이란 시인데, 이 시를 읽으면 시인이 참 좋은 사람일 것 같다는 생각이 들어요. 그럼 그는 나의 친구가 되는 것이죠. 비록 직접 만난 적은 한 번도 없을지라도.

내가 그를 친구로 생각한다고 해서, 그 사람도 나를 꼭 친구라 불러야 할 필요는 없다고 생각합니다.

친구를 반드시 많이 가지려 할 필요도 없고, 친구란 이래야 한다, 저래야 한다고 집착할 필요도 없습니다. 친구는 고정불변이 아닙니다. 세월 따라 상황 따라 친구도 자연스럽게 모였다 흩어집니다. 내가 어려운 상황에 처하면 친구라 자처하던 많은 사람이 떠나갑니다. 하지만 그 와중에 다가오는 사람들이 있습니다. 힘들 때 내 손을 잡아 주는 사람, 세월이 누가 친구인지를 가려 주는 것이지요.

왔다가 떠나고 그중에 남고, 나중에 어쩌다 다시 만나고, 그럼 또 반갑고. 그게 자연스러운 인생의 모습입니다.

가장 슬픈 인생은 내가 준 것에 집착하며 서운해하는 인생입니다. 내가 이만큼 해줬는데, 내가 저한테 어떻게 했는데, 하면서 원망하는 인생은 어리석습니다. 잘 생각해 보십시오. 상대방은 그렇게 해달라고

인연이 모여 인생이 된다

부탁한 적이 없습니다.

그와 같이 '기브 앤 테이크give and take'의 공식에 매달리는 한 진실한 친구를 갖기 어려울 것입니다. 사랑의 기술은 한마디로 주는 기술이지요. 주는 게 기쁠 때 우리는 진짜 친구입니다.

제가 좋아하는 시 중 하나인 롱펠로의 〈화살과 노래The Arrow and the Song〉는 대략 이런 내용입니다.

'공중을 향해 화살 하나를 쏘았다. 그 화살이 어디 가 있는지 몰랐는데 한참 후에 참나무에 박혀 있는 걸 발견한다. 이번에는 공중을 향해 노래를 한 곡 불렀다. 그 노래가 어디로 사라졌는지 몰랐는데, 나중에 보니 그 노래는 친구의 가슴속에 고스란히 남아 다시 내게 돌아왔다.'

이처럼 행복을 찾는 가장 좋은 방법은 행복을 주는 것입니다. 무엇이든 받고자 하면 내가 먼저 주어야 하지요. 행복도 마찬가지입니다.


그런 의미에서 제가 제일 좋아하는 친구는 제 아들과 아들의 친구들일지도 모르겠습니다. 그들을 보면 뭐든 막 퍼주고 싶고, 주는 것이 무척이나 기쁘거든요. 줄 수 있다는 사실이 기쁘고, 받고서 부담 없이 기뻐하는 모습이 또 기쁘고, 그때의 마음과 여유가 좋습니다.

저는 1년에 한 번 아들과 아들 친구 예닐곱 명과 함께 '부자유친 여행'을 떠납니다. '부드럽고 자상하고 유연하고 친절한 여행'의 줄임말입니다. 그 경비를 벌기 위해 일한다고 해도 과언이 아닐 정도로 제게는 중요한 행사입니다. 그 여행을 통해 쌓인 추억의 가치는 무엇과도 바꿀 수 없을 만큼 귀합니다. 이 여행을 죽을 때까지 하는 것이 저의 소원이지요.

그런데 만약 제가 더 나이가 들고 늙어서 그 아이들을 원망한다면 어떨까요. 내가 저희들에게 어떻게 해줬는데 이제는 나를 찾아오지도 않고, 연락 한 통 없고 어쩌고 하면서 말이지요. 그런 인생은 무척 비참한 인생이겠지요.

기대가 크면 기대한 사람은 실망이 크고, 기대받는 사람은 부담이 큽니다. 아낌없이 주고 잊어버리세요. 친구에게 주었을 때 당신은 이미 충분히 행복했습니다.

인연이 모여 인생이 된다

## 화살과 노래

나는 공중에 화살 하나 쏘았네
그것은 땅에 떨어졌고 나는 그 행방을 몰랐네
너무 빨라서 눈으로
그것을 쫓을 수 없었다네

나는 허공에 노래 하나 띄웠네
그것은 땅에 떨어졌고 나는 그 행방을 몰랐네
예민하지도 밝지도 못한 눈으로
노래의 간 곳을 쫓을 수 없었다네

오래 뒤에 한 참나무에서
나는 아직 꽂혀 있는 화살을 찾았고
노래는 처음부터 끝까지
한 친구의 가슴속에 살아 있는 걸 보았네

_ 헨리 롱펠로

# 친구들과 공유할 수 있는
# 부분이 줄어듭니다

: 친구의 범위를 넓혀 보세요

**소외된 친구** 저는 취업을 하지 않은 상태입니다. 제 친구들은 다 취업했고요. 그러다 보니 친구들과 대화를 할 때 서로 공감하지 못하는 부분이 생기기 시작했습니다. 친구들과 어떻게 대화를 하면 좋을지, 나아가 친구 관계를 어떻게 끌고 가야 할지 궁금합니다.

**철환 씨** 친구를 만나는 사람과 만드는 사람이 있습니다. 질문하신 분이 지금의 커뮤니티에서 활동하는 것이 나쁜 것은 아니지만, 새로운 친구를 만날 준비도 하셔야 할 것 같습니다.

친구의 정의에 대해 말한 적이 있습니다. 친구가 되기 위해선, 세

인연이 모여 인생이 된다

가지 조건을 갖춰야 합니다. 친구가 잘되기를 바라고, 그가 잘됐을 때 기뻐야 합니다. 마지막으로 친구가 도움을 청할 때 내가 도와줄 수 있어야 합니다. 이 조건이 충족되어야 친구가 될 수 있습니다.

친구가 취직을 했는데 만일 내가 배가 아프면 친구 사이가 아닙니다. 경쟁자 사이이지요. 반면 당신이 도움을 청할 때 그들이 도와줄 수 있으면 친구가 되는 겁니다. 그렇지 않다면 지인이 되는 거죠.

세상에는 눈에 보이는 친구와 보이지 않는 친구가 있습니다. 눈에 보이지 않는 친구는 책 속에 있습니다. 유명인과 친구가 되는 가장 손쉬운 방법은 그 사람의 책을 찾아 읽는 겁니다. 책을 읽고 저자에게 매료된다면 여러분은 그를 친구로 받아들인 겁니다.

친구는 거래하는 것이 아닙니다. 《난중일기》를 읽고 이순신 장군을 친구로 받아들이면 그만입니다. 그가 나를 받아들여야만 하는 것이 아니라는 거지요. 맘에 드는 저자가 생겼다고 굳이 출판사에 전화를 해 전화번호를 얻고 연락을 할 필요는 없습니다.

에리히 프롬의 《사랑의 기술》이라는 책이 있지요. 이 책의 핵심 내용은 '사람은 주는 존재'라는 것입니다. 꼭 무엇을 주고받아야 하는 게 아니라는 겁니다.

만약 부모가 자식에게 '내가 너를 어떻게 키웠는데' 하는 순간, 사랑은 거래가 되는 겁니다. '내가 너를 어떻게 가르쳤는데', 이것도 아니지요. 상대의 변화와 성장을 보는 것으로 기쁨을 느껴야 합니다. 여러분, 준 것은 준 것입니다. 돌려받으려고 하지 마세요.

저는 이육사의 〈광야〉라는 시를 좋아합니다.

지금 눈 내리고 / 매화 향기 홀로 아득하니
내 여기 가난한 노래의 씨를 뿌려라

그저 씨를 뿌리는 겁니다. 그다음 이어지는 시는 이렇게 말합니다.

다시 천고千古의 뒤에 / 백마 타고 오는 초인이 있어
이 광야曠野에서 목 놓아 부르게 하리라

내가 씨를 뿌렸으니 내가 꼭 열매를 거두어야겠다고 생각하는 순간, 불행해집니다. 주는 기쁨을 연습하세요. 친구에게 기대하지 마세요. 부담을 준다는 것은 짐을 준다는 것입니다. 부담을 주지 마세요. 친구가 멀어집니다.

친구의 범위를 넓혀 보세요. 책을 통해 친구를 만드세요. 그리고 친구가 부담을 느끼는 말을 하지 마세요. 무엇보다 소중한 하루를 무료하게 보내지 마세요. 알차게 보내세요. 하루빨리 일을 하시는 게 좋습니다.

무엇이 된다는 목표를 세우면 불행해질 가능성이 높습니다. 그보다는 누구를 만나고 싶다는 생각을 해보세요. 저는 젊은이들을 만나고 싶은 소망이 있습니다. 그래서 대학에서 학생들을 가르치는 지금이 행복합니다. 그런데 제가 만일 '난 꼭 ○○대학교 교수가 될 거야'라고 생각했다면 어떨까요? 그 대학의 교수가 되지 못하고 다른 대학의 교수가 되면 불행해지겠지요. 즉, 목표가 너무 구체적이면 불행해질 확률이 높습니다.

어떤 일을 하고 싶은가보다 어떤 사람들과 함께하고 싶은가를 생각하다 보면 친구를 사귀는 데도, 나의 일을 찾는 데도 좋은 결과가 있을 가능성이 높아집니다.

# 일곱,
# 상대가 원하는 '거리' 배려하기


중·고등학교 동창 세 명, 저까지 총 네 명의 친구가 만나는 모임이 있습니다. 그중 '조'는 '인자무적仁者無敵'이란 말이 어울리는 친구입니다. 어진 사람은 적이 없다는 말이죠. 그처럼 무척 너그러운 친구입니다. 사실 말로 다른 사람을 가르치기란 쉽지 않은 일입니다. 그보다는 그냥 사는 모습 자체가 다른 사람들에게 가르침이 되는 것이지요. 조의 얼굴에는 언제나 온화함과 너그러움, 평화가 있습니다. 그가 무언가에 집착하고 흥분하는 모습을 본 적이 없습니다.

다음은 '양'이란 친구인데, 그동안 제가 이 친구를 좀 오해했던 것 같습니다. 옛날에는 항상 깐죽거리고 비아냥거리면서 제 자존심을 건

드리던 친구거든요. 아마 마찬가지로 양도 저에 대해 이해하지 못한 부분이 있었겠지요. 그런데 후에 이 친구가 제 글을 읽고 저를 조금 이해하게 된 것 같습니다. 어느 날 전화를 해서는 자기 아들 결혼식 때 주례를 서달라고 부탁하는 겁니다. 그 일을 계기로 양과 굉장히 친해지게 되었습니다.

양은 제가 어디에 글을 쓰면 꼭 읽고 피드백을 해줍니다. 지금 생각해 보면, 예전의 깐죽거림과 비아냥거림이 저에 대한 호감의 표시였던 것 같습니다. 그러니 사람의 말과 행동에서 진의를 파악하는 것이 중요합니다. 시간이 지나니 '그때의 행동이 다 그런 거였구나' 하고 깨닫게 됩니다.

'김'은 우리 중에 가장 출세한 친구 중 하나일 겁니다. 사관학교에 가서 별을 세 개나 달았으니 보통 일이 아니지요. 학교 다닐 때는 사실 존재감이 별로 없었습니다. 있는지 없는지 모르던 친구인데 한 분야에서 최고가 된 것이죠. 목표를 향한 김의 성실성 때문일 것입니다. 성실한 자를 이길 수 없다는 교훈을 김을 통해 다시금 확인합니다.

김의 또 하나 특징은 과묵하다는 것입니다. 침묵의 가치를 아는 친구입니다. 말이 적다는 것은 필요한 말을 한다는 겁니다. 많이 아는 것이 뭐가 중요합니까, 중요한 것을 알아야지요.

어떤 사람들은 많이 아는 것을 뽐내느라 남들은 알지도 못하는 어려운 얘기를 하면서 다른 사람의 관심은 안중에도 없습니다. 상대방의 관심이나 바람은 아랑곳없이 자기 얘기만 하는 겁니다. 반면 말이 많지는 않지만 상대방이 무엇을 괴로워하고 무엇에 목말라 있는지 귀 기울이는 사람이 있다면, 그보다 더 말의 가치를 잘 아는 사람이 어디 있겠습니까. 함께 있는 사람의 기분을 존중해 주고, 더 나아가 함께 있는 사람의 기분을 좋게 만든다면 말을 많이 하지 않아도 저절로 사람들을 감화시킬 수 있다는 걸 바로 김을 통해 깨닫습니다.

조, 양, 김은 사실 중·고등학교에 다닐 당시엔 그렇게 '절친'은 아니었어요. 너무나 순수했던 그 옛날 마치 동화 속에 나오는 아이들처럼 노상 손잡고 붙어 다니던 친구들은 따로 있었지요. 서로 편지를 주고받고 함께 음악을 듣고 얘기를 많이 나누던, 순하고 마음이 여린 친구들, 애틋한 친구들이죠.

그런데 그 친구들과는 솔직히 만나고 싶지 않아요. 시간이 흐른 지금, 내가 볼 때 그 친구는 완전히 다른 사람이 된 것 같아요. 아마 그 친구가 볼 때는 나도 다른 사람이 되었겠지요. 현실에서의 누추한 삶을 보면 너무 마음이 아프고, 그럴 때는 안 만나는 게 좋겠다는 생각이 듭니다. 그 친구들을 만나는 게 기쁘기보다는 애잔함이 느껴지는 거지요. 예전에 너무 친해 죽고 못 살던 친구들, 그때 그 친구들은 내 가슴속에 있는 거지요. 지금의 친구들은 현실의 사람들이 되어 버렸습니다.

그래서인지 저는 친구보다 친구의 아들들을 만나는 게 더 좋아요.

아들들을 만나 보면 역시 그 아버지의 아들이에요. 아들에게 그 아버지의 모습이 남아 있는 거예요. 아버지의 현재 모습은 변했지만, 아버지의 과거가 아들의 현재로 남아 있는 거예요. 너무나 신비롭고 뭐라 말할 수 없이 묘한 감정이 됩니다.

친구란 그가 어느 정도의 거리를 두길 원하는지도 알아야 할 것 같습니다. 나를 만나서 그저 기쁜 사이, 내가 만나서 그저 기쁜 사이. 그것이 진정한 친구 사이죠. 그러나 친구들 사이에 묘한 경쟁의식이나 약간의 원망과 선망이 있다면 굳이 만남을 강요할 필요가 있을까요.

거리 두기에 대한 현명하고 배려 있는 판단이 친구 사이에도 필요합니다.

# 여덟,
# 아무래도 가까워지기
# 힘든 사람이 있다면

모두 사람의 모습을 하고 있지만, 사실은 저마다 다른 동물이 아닐까 상상해 봅니다. 어떤 사람은 호랑이, 어떤 사람은 토끼인 거지요. 그래서 같은 동물들끼리는 친하게 지내고, 개와 원숭이처럼 도무지 친해지기 어려운 경우도 있습니다.

이렇게 처음부터 전혀 다른 종류의 동물인 양 도무지 맞지 않는 사이엔 어떻게 하면 좋을까요. 아예 부딪치지 않고 피해 버리면 문제는 간단하지요. 하지만 세상살이가 그처럼 간단하지 않다는 것이 문제입니다. 도무지 친해지기 힘들지만 어쩔 수 없이 같은 공간에서 함께 생활해야 할 경우엔, 관계를 최대한 심플하게 하는 것이 좋습니다.

불필요한 말은 하지 않고, 꼭 필요한 말만 하는 거지요. 서로 부딪칠 일을 최소화하는 겁니다. 꼭 함께 처리해야 할 일만 하고 안 해도 될 말이나 일은 하지 않는 거지요.

예를 들어 회사 동료에게 "옷이 그게 뭐야?"라고 말하는 건 불필요한 일입니다. 누군가의 말투나 태도가 자기 눈에 좀 거슬린다고 사사건건 시비를 거는 것은 월권이지요. 그럴 땐 아예 함께 있는 자리를 최소화하고 피하는 것도 상책입니다.


세상에는 맞는 것과 안 맞는 것이 있습니다. 어떤 경우엔 내가 먼저 상대에게 맞춰 주는 것도 필요하지요. 하지만 사람이기 때문에 늘 맞춰 줄 수만은 없고 어떤 땐 짜증도 나게 되지요. 그럴 땐 냉각기가 필요합니다.

언성이 높아지고 감정이 폭발하면 결국 상처가 크게 마련입니다. 져준다기보다는 이기려고 하지 않는다. 평화를 유지하려 노력한다고 생각해 보세요. 무엇보다 나와 남이 다를 수 있다는 것을 인정하는 열린 마음이 필요합니다.


제가 다닌 중·고등학교는 가방 안에 책과 도시락 외에 늘 챙겨 다녀야 할 필수품이 있었습니다. 바로 응원 도구였지요. 지금도 눈에 선한 3대 응원 도구는 꽃술과 딱딱이 그리고 흰 장갑. 당시 모교 선배로

이회택, 박이천 같은 선수들이 있었고 나중에 전설의 홍명보까지 배출한 축구 명문교였기에 수시로 응원 연습을 했기 때문입니다.

운동장에선 늘 축구를 하는 풍경이 펼쳐졌습니다. 축구부뿐만 아니라 다른 학생들도 모였다 하면 축구였지요. 당시 저는 체격도 체중도 또래에 비해 평균 이하였습니다. 체력도 바닥이었죠. 이런 제가 팀에 끼면 전력이 약화될 게 뻔하니 친구들이 저를 끼워 줄 리 만무하죠. 그나마 다행인 건 저도 딱히 축구를 하고 싶은 마음이 없었다는 겁니다. 만약 간절히 원하는데 할 수 없는 상황이라면 그 한이 지금도 제 얼굴 한구석에 남아 있겠지요.

그럼 축구 명문 중·고등학교를 6년이나 다니면서 저는 뭘 했을까요. 열심히 응원을 했습니다. 박수도 치고 고함도 질렀지요. 친구들이 목말라하면 주전자로 물을 날라 주었습니다. 세월이 흐른 지금 친구들은 저를 축구 못하는 아이로 기억하는 게 아니고 물을 떠다 준 친절한 아이로 기억합니다.

비록 축구 경기는 한 번도 뛰어 보지 못했지만, 저는 축구를 사랑하는 학교에 다닌 게 흐뭇합니다. 박수만 치고 주전자만 날랐지만 응원을 통해 우정을 쌓았고 인정을 받았습니다.

이기라고 응원하는 게 맞지만 실은 경기가 끝난 후에 보내는 응원이 진짜 응원이지요. 응원가 가사 중에 이런 말이 있었습니다.

인연이 모여 인생이 된다

"이기고 지는 것은 다음다음 문제다."

다음 문제도 아니고 다음다음 문제라는 게 참 듣기 좋습니다. 학교를 졸업한 지 수십 년이 지난 지금까지도 이 가사가 기억에 남아 있는 이유는, 나와 남이 다르다는 것에 분노하지 않고 서로의 개성을 인정하며 결과보다는 과정을 즐겼던 그 시절의 아름다운 기억 때문일 것입니다.


좋은 사람의 반대말은 싫은 사람일까요, 나쁜 사람일까요. 단지 싫은 사람일 뿐인데 나쁜 사람이라고 구분하고 있지는 않나요. 대개의 경우 싫은 사람은 그저 나와 맞지 않는 사람일 뿐입니다. 그런데 우리는 종종 자기하고 안 맞는 사람을 틀린 사람, 나쁜 사람이라고 속단합니다. 심지어 그것을 표현하고 널리 퍼뜨리기까지 합니다.

반대로 친한 사람이 곧 좋은 사람이라고 여기기도 합니다. 그래서인지 안 친한 사람은 싫은 사람을 넘어 나쁜 사람으로 분류하기도 합니다.

싫어하는 것과 미워하는 것은 다릅니다. 당근을 싫어하는 사람도 있고 좋아하는 사람도 있습니다. 누구는 검정색을 좋아하고 누구는 흰색을 좋아합니다. 사람마다 좋아하고 싫어하는 것이 다를 수 있습니다. 그런데 그 좋고 싫음을 상대에게 표현하고 전달하는 것은 미워하는 것입니다.

인생을 아름답게 사는 방법 중 하나가 싫음과 미움을 구분하는 것이 아닐까 생각합니다.

서로 다름을 인정하는 데서 나아가 나의 단점을 지적하는 사람을 포용할 수 있다면, 우리는 더욱 성숙할 수 있을 겁니다. 물론 쉬운 일은 아니지요.

제게도 두고두고 기억에 남는 사건(?)이 있습니다. 당시 저는 방송사에서 나름 잘나가던 예능 프로그램을 연출하고 있었습니다. 교사 출신인 데다 〈장학퀴즈〉, 〈퀴즈 아카데미〉 등 주로 젊은이 대상 프로를 담당해 왔기에 신입 PD들이 들어오면 교육하는 일을 자청했습니다. 신기한 표정으로 제 이야기를 경청하는 후배들과 이런저런 얘기를 나누는 것이 즐거웠습니다.

그런데 어느 날 한 술자리에서 신입 PD 한 사람이 질문을 던졌습니다. "누가 그러던데 선배님한텐 좀 거품이 있다고요. 어떻게 생각하세요?" 전혀 예측치 못한 당돌한 질문에 크게 당황했습니다. 잘못 들은 게 아닌가 제 귀를 의심했을 정도였지요. 그러나 겉으로는 관대한 척 웃으며 넘겼습니다. "거품은 맥주의 꽃인데……" 하면서요.

이 사건은 두고두고 제 마음에 앙금으로 남았습니다. 그 후배는 한참 동안 회식 자리에서 제 안줏거리가 됐고요.

돌출 질문을 했던 문제의 그 후배는 그 후 무럭무럭 자라 제법 유명 인사가 되었습니다. 그가 바로 〈나는 가수다〉를 연출한 신정수 PD입니다.

지금도 껄끄러운 사이냐고요? 오히려 그 반대입니다. 어느 순간부터 저는 그 친구의 솔직함과 호기심이 매력 있게 보였습니다. 무엇보다 나의 부족함을 지적해 준 용기가 고마웠습니다. '적에게 감사하라. 그는 나의 단점을 예리하게 지적해 준다'라는 말이 있지요.

생각해 보니 저는 인생의 상당 부분을 거품으로 살아왔는지도 모릅니다. 내실을 다지는 삶보다 보여 주는 삶에 더 주력했던 거지요. 남의 시선을 지나치게 의식했고 인기를 끌려고 과장과 포장에 많은 시간을 보내 왔던 걸 그 친구 덕분에 깨닫게 된 것입니다.

아마도 거품은 실력은 미흡한데 주목은 받고 싶기 때문에 생겨나는 것이 아닐까 싶습니다. 거품은 오래가지 않지요. 나쁜 것이라기보다 허무한 것입니다. 이 또한 친구 덕에 깨닫게 된 것이지요.


친구라고 해서 생각이 일치해야만 하는 것은 아닙니다.

'같이'는 반드시 같은 것을 좋아하고 같은 견해를 가지는 것을 말하는 게 아닙니다. 같이한다는 것은 서로의 꿈을 공유하며 서로의 차이를 존중한다는 것입니다.

친구 사이에는 언제나 존중이 있어야 합니다. 함께하는 즐거움은 서로를 존중하고 배려하며 같이 걸어가는 데서 나옵니다.

사람은 모두 지문이 다르듯이 타고난 결이 다릅니다. 각자 타고난 결을 지키며 사는 것이 행복의 비결이고, 서로의 결을 존중하는 세상이 아름답고 성숙한 세상일 것입니다.

인연이 모여 인생이 된다

# 같이 사는 세상

즐거운 일도 우린 같이 (같이 같이)

괴로운 일도 우린 같이 (같이 같이)

언제나 친구같이 같이 사는 세상 가치 있는 세상

# 공개적으로 창피를 주는
# 선배가 있습니다

: 광야로 나가 콩나무가 되세요

**새내기 친구** 스물세 살 신입직원으로, 회사 마케팅팀에서 일하고 있습니다. 사수가 동성인 여자 분인데, 개방형 사무실에서 공개적으로 제게 창피를 줍니다. 그런 일이 한두 번이 아닙니다. 그렇지만 상사의 변덕을 피해 다른 회사로 간다고 해도 이런 사정은 나아지지 않을 것 같다는 생각입니다. 어느 곳에나 그런 사람은 있겠지요? 저는 어떻게 해야 할까요?

**철환 씨** 저도 살면서 만나고 싶지 않은 사람이 있습니다. 결론부터 얘기하자면, "유 비 스트롱! You be strong!" 세상 사람 중 51명은 천사고 나머지 49명은 독사입니다. 독사를 만날 가능성이 항상 있다는 겁니다. 만날 때마다 눈물이 핑 돌 수밖에 없는 거죠. 그 상사는 당신에게 무안을 주면서 자신의 존재감을 확인하는 유형으로 보입니다. 그럴수록 당신은 강해져야 합니다. 자, 역할극을 한번 해봅시다. 그 상사한테 들었던 가장 치욕적인 말을 해보세요.

**새내기 친구** 어이구, 이런 것도 했어? 아주 훌륭한 사람이 되겠네.

**철환 씨** 그 정도는 직장에서 누구나 들을 수 있는 너무 흔한 말입니다. 그 정도로 괴로워한다면 저는 오히려 당신에게 문제가 있다고 생각합니다. 지금까지 들어본 제일 독한 말을 해보세요. 그 정도 가지고 상사를 나무랄 수 없습니다. 그 정도로는 별문제가 없어요. 다시 한 번 생각해 보세요.

**새내기 친구** 야야 이리 와. 여기 옆에 딱 붙어 서.

**철환 씨** 그게 왜요? 제가 생각하기에 상사는 당신이 예쁘고 젊으니까 일종의 시기심에서 괴롭히는 것 같네요. 그는 당신을 괴롭히면서 희열을 느끼는 겁니다. 이럴 땐 당신이 그냥 천사가 되세요. 예를 들면, 상사가 괴롭혀도 '선배님 오늘 기분이 안 좋으세요?' 하고 애교작전으로 얼마든지 넘어갈 수 있습니다. 지금까지 말한 정도는 얼마든지 직장에서 일어날 수 있는 일입니다. 이 정도도 못 참으세요? 그러면 직장 생활하기 힘들 것 같습니다.

독사 1등급들은 당신을 괴롭히기 위해 계획을 세웁니다. 또는 다른 사람들에게 당신의 험담을 하면서 왕따를 시키기도 하죠. 이 상사는 그 정도 독사는 아니잖아요. 미안한 얘기지만, 제가 보기에 당신이 그동안 너무 귀하게 큰 것 같습니다. 자기 스스로를 낮출 필요가 있습니다.

故 정채봉 작가의 〈콩 씨네 자녀교육〉이란 시가 있습니다.

광야로 / 내보낸 자식은 / 콩나무가 되었고
온실로 / 들여보낸 자식은 / 콩나물이 되었고

광야로 나가세요. 그곳에는 독사만 있지 않습니다. 하이에나도 있고 독초도 있고 온갖 것들이 많습니다. 그런 것들에 대해 강해지세요. 저는 오히려 그 상사에게 감사한 마음을 가져야 할 것 같습니다. 면역을 키워 주잖아요.

상사가 하는 행동이 정말로 법적으로 문제가 될 정도라면 회사에 문제를 제기하면 됩니다. 만약 그 상사가 이성, 남자 상사라면 문제가 될 소지가 높아집니다. 야야, 라고 말하는 것 자체가 성추행이 될 수도

인연이 모여 인생이 된다

있습니다. 그러나 그 상사가 동성인 여자 상사라니까 더욱이 당신이 애교스럽게 넘어가 보세요.

세상을 사는 데는 어느 정도 넉살이 필요합니다.

직장은 동물원입니다. 호랑이, 사자, 양 등 다양한 사람이 존재합니다. 좋은 사람은 만날 수도 있지만, 만들 수도 있습니다. 어쩌면 어렵게 만든 인연이 더욱 오래갈 수도 있습니다.

당신께 미션을 드리겠습니다. 그 상사를 당신 편으로 만들어 보세요. 인간이기 때문에 언젠가 감동을 느낄 날이 옵니다.

# 싫은 사람 때문에
# 직장 생활이 괴롭습니다

: '불쾌하다'를 '불쌍하다'로 바꿔 보세요

**맘 상한 친구** 의료직에 근무하고 있습니다. A라는 교수가 있는데, 직급이 낮은 직원들을 심하게 하대합니다. 높은 사람이 있거나 다른 사람 보는 눈이 있을 때는 잘해 주다가 없으면 금세 하대하는 식입니다. 한번은 동료를 미스 아무개라고 부르기에 제가 장문의 편지를 보내 정식 호칭으로 불러 줄 것을 요청하기도 했습니다. 딱 일주일 동안 효과가 있었습니다.

　반면 제 친구는 제약회사에 다니는데, 스카우트 제의가 많이 들어오는 곳입니다. 그 친구에게 천만 원을 더 주겠다는 스카우트 제의가 들어왔지만, 친구는 현재 같이 일하는 사람들이 좋아 직장을 옮기지 않는다고 했습니다.

저는 15년 가까이 일하면서 동료 때문에 이직까지 포기하는 마음을 가져 본 적이 없었습니다. 오히려 퇴사를 하면 아는 척도 하기 싫은 사람들이 있거든요. 나에게 같이 일하는 사람들이란 어떤 의미인지, 내게 남는 사람은 누구인지 생각해 보게 되었고, 그러자 마음이 답답해졌습니다.

**철환 씨** 앞에서도 말했지만, 독사를 만날 확률은 높습니다. 그러나 천사가 될 가능성이 있는 독사도 있습니다. 희망을 버리지 말아야 합니다. A 교수는 권위주의적인* 사람의 전형이라고 볼 수 있습니다. 강자에겐 약하고 약자에겐 강한 사람이지요. 그런 사람을 완전히 바꿀 수 있을 거란 생각을 가지지 않는 것이 삶의 지혜입니다.

그래도 몰상식한 사람은 아닌 것 같습니다. 일단, 일주일 동안이라도 사과를 하고 고쳤으니 말이죠. 신앙인들도 부흥회에서 결심한 마음이 일주일 남짓 갈 겁니다. 인간에게는 어쩔 수 없이 이런 면이 있다는 것을 인정해야 합니다.

맹자가 한 말씀 중에 사람을 대하는 네 가지 심리에 관한 것이 있습니다. 첫째, 측은지심惻隱之心, 불쌍하다는 마음이 있습니다. 둘째, 시비지심是非之心, 옳고 그름을 분별하는 마음입니다. 셋째, 수오지심羞惡之心은 부끄럽고 화가 나는 마음이고 넷째, 사양지심辭讓之心은 양보하는 마음입니다.

저는 측은지심과 사양지심을 좋아합니다. 그러나 그 마음에도 한 계선을 설정하는 것이 좋습니다.

예를 들어 A 교수가 불법을 저지르거나 성희롱 발언을 했다면, 외로운 내부 고발자가 되지 말고 정의 구현 직원단을 만드세요. 그 이름으로 고발을 하거나 경고를 하세요. 하지만 법은 최소한의 도덕이라는 말이 있습니다. 그러니 늘 법에 호소할 필요는 없습니다.

A 교수가 하대하는 호칭을 쓸 때마다 지적해 주는 건 좋습니다. 하지만 그 교수가 커피를 마시는 모습조차 보기 싫다면 이미 그 마음은 증오가 된 겁니다. 그럴 땐 내 인생이 불행해지겠지요. 병원을 그만두어야 할지도 모릅니다. 그만둘 수 없다면, 51명의 천사와 어울리도록 하세요.

걱정하면서 어두운 표정을 지으면 세상의 어두운 일이 다 그곳으로 몰립니다. 신데렐라, 춘향이, 심청이 등 옛이야기 주인공 중 고통받지 않은 사람이 어디 있습니까. A 교수가 무슨 짓을 하든 명랑하게 살려고 노력하세요. 그래야 내 삶이 즐거워집니다.

그리고 고통을 주는 사람을 미워하기보다 불쌍하게 여기는 마음을 가져 보세요. A 교수도 여태까지 본인이 겪었던 일들로 인해 현재의 A 교수가 된 것입니다. '불쾌하다'는 표현을 '불쌍하다'로 바꾸어 보면 어떻습니까.

인연이 모여 인생이 된다

세상 사람들에게 너무 큰 기대를 하지 마세요. 다 외로운 사람들입니다. 그들은 외로워서 엉뚱한 곳에 분풀이를 하는 것입니다.

그가 분풀이하는 데 내가 헌신한다고 생각해 보세요. 그럼 마음이 편해집니다. 당하는 것이 그리 기분 나쁘지 않습니다.

# 시위를 당겨라

시위를 당겨라 과녁으로
시위를 당겨라 과녁으로


내 사고의 과녁은 점점 좁혀져
한 올의 실만큼이나 가늘어져


그대가 겨누는 화살은 늘 빗나가서
마음의 옆을 쏘아대니
나는 아파 아파 아파 아파 아파


그대가 겨누는 믿음의 화살은 늘 빗나가서
마음의 옆을 쏘아대니
나는 아파 아파 아파 아파 아파

그대가 겨누는 소망의 화살은 늘 빗나가서

마음의 옆을 쏘아대니

나는 아파 아파 아파 아파 아파


그대가 겨누는 사랑의 화살은 늘 빗나가서

마음의 옆을 쏘아대니

나는 아파 아파 아파 아파 아파

# 아홉,
# 의리란
# 무엇인가

친구가 중한 범죄를 저질렀습니다. 경찰의 눈을 피해 도망 다니던 친구가 나를 찾아와 숨겨 달라고 합니다.

최근 '의리'라는 말이 유행처럼 이곳저곳에서 인기를 끌었습니다. '으리으리' 하면서 TV 개그 프로, 예능 프로, 광고 등에 단골로 등장했지요. 바야흐로 '의리'가 화두인 것 같은데, 과연 의리가 뭘까요? 여러분이라면 위와 같은 상황에서 어떻게 하겠습니까?

한때 뉴스를 떠들썩하게 장식한 사건이 있습니다. 한 법조인의 일탈 행위가 밝혀져 충격을 준 사건이었지요.

겉보기에 그럴싸한 지위와 인격을 가진 듯 보였던 그 사람이, 자기 인생이 완전히 망가졌다고 느꼈을 때 제일 먼저 찾아간 것이 누구였을까요? 친구입니다. 친구를 찾아갔어요. 대학 동창이고 사법고시도 같이 공부한, 그러니까 30년 이상 우정을 나눈 친구겠죠.

아무리 가족이라도 할 수 없는 이야기가 있습니다. 그렇게 가족에게도 할 수 없는 이야기를 할 수 있는 게 친구입니다. 자기 가장 밑바닥의, 어찌 보면 추악하다고 할 수 있는 면도 얘기할 수 있는 게 친구입니다.


그렇다면, 이렇게 친구가 자기의 허물을 얘기했을 때, 그 허물을 덮어 주는 것이 의리일까요? 저는 '의리'라는 말의 홍수 속에서 그 점을 한번 생각해 보았습니다.

우리가 의리라는 말 옆에 자주 놓고 생각해야 할 것이 '도리'가 아닌가 싶습니다. 의리와 도리 사이에서, 혹은 진실과 우정 사이에서 어떤 선택을 해야 할 것인가를 그 법조인의 친구는 무척 고민했을 것입니다. 그리고 그 친구 변호사가 보여 준 최고의 의리는 친구를 '거듭나게' 하는 것이었습니다.

친구 변호사는 이렇게 발표했습니다. '이제 그는 자기가 환자라는 걸 인정하고 치료를 받겠다고 얘기한다. 이제는 법원이 아니고 병원으

로 가겠다.'

이처럼 지금껏 쌓아 온 모든 것을 잃고 크게 추락했을 때, 다른 사람들이 보기에 그 사람의 인생은 끝장난 것처럼 보일 수도 있겠지요. 하지만 랭보의 시 구절처럼 '상처 없는 영혼이 어디 있으랴'고 말하고 싶습니다. 그 사람에게도 '지옥에서 보낸 한철' 다음엔 새봄이 찾아오겠지요. 그렇게 새롭게 시작할 수 있을 곳까지 같이 가주는 것이 친구입니다.

다시 처음의 질문으로 돌아가서, 친구가 반사회적인 범죄를 저지르고 숨겨 달라고 한다면 여러분은 어떻게 하겠습니까? 내가 최후의 의지처라면, 살려 달라는 친구의 청을 딱 잘라 거절할 수는 없을 것입니다. 저라면 죗값을 치르는 게 좋겠다고 설득하고 새롭게 거듭날 수 있도록 도와주고 싶습니다.

동경의 대상은 친구가 아닙니다. 동정의 대상도 친구가 아닙니다. 친구는 동행의 대상입니다. 함께 가주는 사람입니다.

"난 변태였어. 낮에는 지킬 박사지만, 밤에는 하이드로 변해."

친구가 이런 엄청난 고백을 했을 때, 의리 있는 친구라면 다음 두 가지 말은 하면 안 됩니다.

첫째, "너 그럴 줄 알았어."

그럴 줄 알았는데도 그냥 계속 사귀었단 말인가요? 그럴 줄 알았으면 바로잡아 줘야 하는 게 아닌가요. 누군가 나쁜 마인드<sup>mind</sup>를 가지면 그걸 리마인드<sup>remind</sup> 해주는 게 친구의 도리입니다.

둘째, "난 그럴 줄 몰랐어."

난 네가 그런 인간인지 몰랐다. 그동안 넌 나를 속였다. 너 같은 놈하고 친구였다는 게 역겹다? 사실을 알게 된 이상 너 같은 놈하고는 더이상 친구가 아니다? 이렇게 말한다면 그야말로 그 사람은 친구가 아니라고 할 수 있겠지요.

의리라는 건 그저 허물을 덮어 주는 것이 아닙니다. 그건 일시적인 위로에 그쳐 버리지요. 그 사람의 행복한 시간표가 연장될 수 있도록 현명하게 생각하고 지혜를 발휘해야 합니다. 그 사람을 잘 설득해서 손잡고 가야 합니다. 친구가 환자면 병원에 함께 가야 하고, 죄인이면 죗값을 치르도록 해야 합니다. 잘못된 행동을 일시적으로 가려 주고 숨겨줘도 결국 들통이 나고 말지요.


의리 하면 떠오르는 사람이 있어요. 저는 춘향이가 의리를 지킨 사람이라고 생각해요. 춘향은 이도령이 빈털터리 거지가 된 걸 알았음에도 의리를 지키잖아요. 그 의리를 춘향이와 같은 요조숙녀에게는 '절개', 선비에게는 '지조'라는 말로 표현하지요.

진정한 의리가 무엇인지 알기 위해서는 의리가 아닌 것이 무엇인지 먼저 알아야 할 것 같습니다. 대표적으로 의리가 아닌 것이 바로 감탄 고토甘呑苦吐이지요. 달면 삼키고 쓰면 뱉는 것.

예를 들어 어떤 사람이 명예를 잃어버렸어요. 그러자 그 사람을 욕 하고 멀리한다면 그저 그의 명예가 좋았을 뿐인 것이지요. 범털이 개털 되면 주변에 사람이 사라지잖아요. 그건 의리가 없는 거지요.

의리란 그가 무언가를 잃어버렸을 때에도 내가 그를 떠나지 않는 것입니다.

음식점에 갔는데 음식 맛이 없어졌어요. 그런데도 의리를 지켜서 그 집에만 간다? 그런 경우는 의리라는 말이 어울리지 않는 것 같아요. 하지만 음식점이 아니라 인간이 가지고 있던 게 없어지는 경우가 있잖 아요. 아름다운 외모, 남들이 우러러보는 지위, 빛나는 인기, 싱싱한 젊 음…….

그처럼 그가 나를 처음 끌어당겼던 그 무엇이 사라졌을 때에도 내 가 거기, 그의 곁에 남는다면, 그것이 의리이겠지요.

김인숙 작가의 소설 〈상실의 계절〉이 생각납니다. 그 소설에는 캠 퍼스 커플이 등장해요. 무척 멋있는 남녀가 어울려 다니지요. 어느 날 여자는 공대생인 남자가 실험실에서 화상을 입었다는 전화를 받습니다. 여자는 갈등합니다. 남자가 화상을 입은 후에도 그들은 계속 사랑할 수 있을까요? 계속 사랑할 수 있다면 의리가 있는 것이겠지요. 의리가 없어지는 순간에 보통 나오는 말이 무엇인지 아세요? "이젠 나도 지쳤어"랍니다.

엄마와 아들 사이에는 의리라는 말을 쓰지 않지요. 그것은 본능적인 관계이기 때문에 그렇습니다. 본능적인 것, 핏줄로 얽히지 않았는데 그와 끝까지 있는 것이 의리이지요. 사랑한다고 말했고 그 느낌을 공유했던 사람이 좀 슬프게 되었을 때도, 그를 떠나지 않는 것이 의리라는 생각이 듭니다.

견리사의見利思義, 이익을 보고서 이것이 의로운 일인가 생각한다는 말입니다. 모든 집단이 의리를 우선해야 하는 것은 아닙니다. 이익을 찾아 움직이는 집단도 있지요. 회사라든가 전문가 집단은 사실 의리를 기준으로 움직이는 곳이 아닙니다.

예를 들어 한 회사의 사장이 직원들에게 의리를 강조하는 것은 이치에 맞지 않습니다. 물론 회사가 어려울 때 이익이 없음에도 불구하고 그곳에 남는다면 그것은 의리 있는 행동이겠지요. 하지만 다른 직원들이 이익을 좇아 움직이는 것을 탓할 수는 없는 것입니다. 그곳 자체가 이익을 추구하는 집단이기 때문입니다.

이처럼 이익을 좇아서 가는 것은 분명 의리가 아닙니다. 이익이 없어져도 함께 가는 것이 의리이지요. 동락同樂만 하는 것은 팬클럽이겠지요.

모두가 박수 칠 때 같이 기뻐하는 건 의리가 아닙니다. 모두가 손가락질할 때 그 사람에게 다가가서 일으켜 세워 주는 것이 의리이지요. 누군가 어려운 처지에 놓였을 때 '너에게 실망했어'라며 떠나 버리면 의리가 없는 거지요. 그 실망스러운 면을 보듬어 고쳐 주려고 하는 것이 의리일 것입니다.

상황이 바뀌면 마음이 바뀌는 게 자연스러운 일이라는 말은 핑계이자 자기합리화가 아닐까요.

이익을 좇는 본성을 억누르는 것, 그것이 바로 의리일 것입니다.

인간의 마음속에는 개인적인 흥분이나 이기심 저편에 우정의 법칙이 살고 있네. 그것은 정열보다 더 강하며 실망이라는 것을 모르네. 상대방에게서 아무것도 원하지 않기 때문이지.

(…)

우정도 역시 영웅적 행위라네.

사리사욕 없는 모든 행위가 그렇듯이, 영웅적 행위지.

_ 마러이 산도르의 소설《열정》(김인순 옮김, 솔 펴냄) 중에서

# 열,
# 잘 먹고
# 잘 쓰기

오랫동안 사랑받는 사람들에겐 공통점이 있습니다. 대개 배려하는 마음이 있는 사람들입니다. 외모나 재주가 뛰어나서, 혹은 머리가 좋아서 잠깐 동안 사랑받는 경우도 있습니다. 그러나 그런 것들만으로 오랫동안 사랑을 받기는 어렵습니다.

국어사전에서 '배려'라는 말의 뜻을 찾아봅시다. '도와주거나 보살펴 주려고 마음을 쓰는 일'이라고 나와 있네요. 맞아요, 마음은 받는 것이 아니라 쓰는 것이지요.

사랑받는 TV 프로그램들 역시 살펴보면 수긍할 만한 이유가 있습

인연이 모여 인생이 된다

니다. 그중 〈잘 먹고 잘 사는 법〉이라는 프로그램 역시(지금은 이름을 살짝 바꿔) 10년이 넘게 이어지고 있습니다. 프로그램 장수의 비결이 뭘까요? 아마도 누구나 잘 먹고 잘 살기를 원하기 때문이겠지요.

대부분의 사람이 어떻게 먹는 것이 잘 먹는 것인지 알고 있을 겁니다. 자기 몸에 맞는 음식을 적절한 때에 적당히 먹는 것이 잘 먹는 것이겠지요. 그런데 간단한 얘기 같지만 지키기가 쉽지 않습니다. 몸에 좋지 않다는 것을 알면서도 유혹이나 습관을 이기지 못하고 먹고 말지요. 병이 난 후에야 후회하지만 때는 이미 늦었습니다.

그렇다면 잘 산다는 건 어떻게 사는 걸까요? 故 전우익 선생의《혼자만 잘 살믄 무슨 재민겨》라는 책도 있지만, 잘 산다는 건 과시하며 사는 삶이 아니라 어려운 사람들과 나누며 사는 삶일 것입니다. 그런 나눔이 체질이 되면 진짜 잘 먹고 잘 사는 사람이 되겠지요. 잘 산다는 건 결국 잘 쓰는 일인 셈입니다.


살면서 우리가 쓰는 건 돈뿐만이 아닙니다. 힘도 쓰고 시간도 쓰고 사람도 씁니다. 손도 쓰고 머리도 쓰고 마음도 씁니다. 그런데 또 한 가지 기억해야 할 중요한 사실은 쓸 만한 것들이 우리가 언제라도 쓸 수 있도록 늘 기다리고 있지는 않다는 냉정한 현실입니다.

힘을 쓰고 싶은데 힘을 쓸 수 없을 때가 기어이 옵니다. 시간을 행복하게 쓰고 싶은데 이미 시간은 저만치 도망가 있습니다. 사람을 잘 쓰고 싶은데 필요한 사람은 곁에 아무도 없습니다. 머리를 쓰고 싶은데 머리가 잘 돌아가지 않습니다. 손을 쓰고 싶은데, 몸을 쓰고 싶은데 뜻대로 따라 주지 않습니다.

결국 어떻게 하는 것이 현명할까요? 힘이 있을 때 힘을 좋은 데 쓰고, 시간이 있을 때 시간을 알뜰히 쓰고, 사람이 가까이 있을 때 그 사람을 기분 좋게 써야 하겠지요.

오래가는 것은 몸이 아니라 마음일 것입니다. 아마도 죽을 때까지 동행하는 것이 마음이겠지요. 마음먹기에 달렸다는 말이 괜히 있겠습니까. 좋은 마음을 먹으면 좋은 삶이 펼쳐질 가능성이 큽니다. 나쁜 마음을 먹으면 그 반대이겠지요.

잘 살려면 밥을 잘 먹는 것보다 마음을 잘 먹는 게 더 중요합니다. 그리고 마음을 곱게 써야겠지요.

잘 살기 위해 쓰지 말아야 할 것도 있습니다.

떼를 쓰지 말아야 합니다. 억지를 써서, 악을 써서 되는 일은 드뭅니다. 오래가지도 않고요. 그리고 가급적 인상은 쓰지 않는 게 좋습니다. 잘 살아 온 사람은 잘생긴 얼굴이 아니라 인상 좋은 얼굴이 증명하니까요.

한 가지 더, 매일 마음의 부자가 되는 연습을 해보세요. 그러려면 꼭 써야 할 것이 글입니다. 돈을 쓴 기록, 즉 가계부도 좋지만 마음을 쓴 기록, 일기는 더 좋습니다.

글을 써보세요. 반성의 글, 용서의 글, 희망의 글을 매일 쓰다 보면 우리의 삶이 점점 풍요로워집니다.

# 돈만 보고 달려온 것 같아 회의가 듭니다

## : 행복을 주는 사람이 되어 보세요

**승승장구 친구** 돈을 많이 벌어야겠다는 생각에 금융 쪽에 취직을 했습니다. 제 나이 올해 스물여덟인데, 나름대로 승승장구했다고 생각합니다. 그러나 돌아보니 너무 돈만 보고 쫓아간 것이 아닌가 하는 생각이 들었습니다. 동기들보다 훨씬 많이 벌기에 부모님은 좋아하시지만, 저 자신에게는 남은 것이 없는 것 같습니다. 정체성을 잃어 가는 것 같기도 하고요.

**철환 씨** 저희 아들과 동갑이네요. 그런 과정을 거쳐 성장하는 것이라고 말하고 싶습니다. 한때는 연애가 삶의 전부가 될 수도 있고, 돈이 전부일 때도 있고, 취미 생활이 전부일 수도 있습니다. PD인 친구가 한 명 있는데, 그 친구는 골프에 미쳤습니다. 낚시광, 딸바보 등 다양한 대상에 미쳐 있지만, 중요한 건 그 사람들이 평생 그렇게 미쳐 있진 않다는 것입니다.

1년 동안 직장 생활을 하면서 자신의 삶에 대해 의문을 가졌다는 것은 좋은 것입니다. 중간 체크를 했다는 거죠. 훌륭한 태도입니다.

돈은 매우 중요합니다. 그러나 돈만 중요하다고 생각할 때 인생은 망가집니다. 돈이 내 인생의 가장 중요한 목표가 되어서는 안 됩니다. 돈은 뭐 하러 법니까? 행복을 위해서요? 풍요로움을 위해서요? 풍요를 위한 욕심은 결국 어느 지점에서 멈출 수밖에 없습니다.

당신은 사랑하는 친구가 있습니까? 친구와의 사랑에 돈을 쓰세요. 여행을 가게 된다면, 본인보다 수입이 적은 친구를 위해 돈을 보태세요. 친구에게 평생의 선물이 될 겁니다.

행복이란, 누군가를 행복하게 해주는 겁니다. 나 혼자 행복하고, 풍요롭고, 승승장구하면 어느 순간 허무하다고 느낄 수 있습니다. 주변에 사람이 없기 때문입니다. 오직 돈 때문에 자살하는 사람은 별로 없습니다. 주변에 친구가 없기 때문이죠. 반대로 친구가 있으면 힘을 내서 살수 있습니다. 친구와의 관계를 더욱 견고하게 하시고, 새로운 친구를 만드세요.

어떤 사람은 직장에 다니는 것 자체가 고난이라고 말합니다. 그러나 당신은 그렇지 않죠. 좋은 직장, 건강한 몸, 일에 만족하고 열심히 사는 모습. 게다가 삶의 진정한 의미까지 생각하는 당신은 이미 백 점 짜리입니다. 아무 문제가 없습니다.

그래도 만약 정신적인 공허함이 있다면 문화 콘텐츠를 섭취하세요. 책, 영화, 공연, 여행 등 말입니다. 이곳에 투자를 하세요. 돈은 있지만 도저히 시간이 없어 문화를 즐길 수 없다는 사람은 일의 노예입니다. 너무 쓸쓸한 이야기지요. 일의 노예가 되지 마세요. 항상 경계하세요. 나는 일의 노예인지 아닌지.

인생 시간표를 잘 짜세요. 나를 위해 사는 것은 별로입니다. 누군가를 위해 사는 것이 좋습니다. 누군가를 기쁘게 해줄 때 그것이 나에게도 기쁨이 된다고 느끼면 더없이 좋은 거지요. 아직 여자친구가 없다면 연애를 해보시는 것도 권합니다.

인연이 모여 인생이 된다

우리는 받아서 삶을 꾸려 나가고

주면서 인생을 꾸며 나간다

_ 윈스턴 처칠

# 다시 하나,
# 감사하는
# 마음

행복의 동의어는 무엇일까요? 행운? 만족? 저는 '감사'라고 생각합니다. 저 역시 이 사실을 깨닫는 데 꽤 시간이 걸렸습니다. 시행착오도 겪었지요. 이제는 알게 되었습니다. 행복한 것은 감사한 것이고, 감사한 것은 행복한 것임을.

우리 한번 '가질 수 없는 것'과 '버릴 수 없는 것'의 목록을 만들어 볼까요. 가질 수 없는 것은 많고 많지요. 수천억 재산, 으리으리한 집, 번쩍거리는 외제차, 지나가던 사람도 돌아보는 눈부신 미모, 세상을 호령할 권력…….

하지만 버릴 수 없는 것은 그보다 훨씬 더 많습니다.

성적은 좀 나쁘지만 웃음이 건강한 아이들, 잔소리는 심해도 등이 가려울 때 긁어 줄 배우자, 허물없이 대할 수 있는 편한 친구들, 마음먹은 대로 움직일 수 있는 건강한 몸, 소중한 사람들과의 추억…….

그뿐 아니라 너무 흔해서 평소엔 소중함을 잘 느끼지 못하지만 생각해 보면 없어서는 안 될 것도 있지요. 물, 공기, 나무, 꽃, 일용할 양식들 그리고 내가 좋아하는 음악과 문학…….

감동은 감사의 형제입니다. 살아 있음에 감사하고 깨어 있음에 감동합니다. 이처럼 감동의 눈으로 보면 세상은 감사할 대상으로 넘쳐납니다. 감사하는 마음으로 보면 세상 모든 사람이 나의 친구입니다. 자주 보는 사람이든 가끔 보는 사람이든, 만날 수 있는 사람이든 만날 수 없는 사람이든, 고마운 사람들 덕분에 내 삶이 즐거워지고 풍요로워집니다.

인생은 어떻게 풀려 갈지 알 수 없습니다. 화禍가 복福이 되기도 하고 복이 화가 되기도 합니다. 운명과는 등질 필요도, 대들 필요도 없습니다. 굽실거릴 이유도 없습니다. 그저 친구처럼 지내면 좋을 것 같습니다.

저는 역사 속의 인물을 볼 때마다 이분은 몇 살에 돌아가셨나를 꼭 헤아려 봅니다. 저보다 오래 산 사람이 많지 않아요.

이순신 장군, 세종대왕, 이육사 시인, 다 일찍 돌아가셨어요. 그런데 저는 아직까지 살아 있어요. 그분들에 비하면 저는 지금 잉여의 삶, 덤으로 받은 삶을 살고 있는 셈이에요. 그것만으로도 얼마나 감사한가요. 그런 생각을 하면 인생을 즐길 뿐만 아니라, 무언가 제가 가지고 있는 작은 것이나마 사람들과 나눠야겠다는 생각이 들어요.

최고가 되고 싶다는 젊은이가 많습니다. 그들 중 많은 이가 갑갑해하고 우울해합니다. 왜 그럴까요? 당장 이 세상에서 결실을 보려 하기 때문입니다. 최고가 되기 위해 누군가를 이기고 지배하려 하기 때문입니다.

그렇다면 행복한 사람은 어떤 사람일까요? 열심히 생각해 봤는데, 노래 제목에 그 답이 있더라고요. 바로 '행복을 주는 사람'. 행복한 사람은 행복을 받는 사람이 아니라, 행복을 빼앗는 사람이 아니라 행복을 주는 사람이에요.

'내가 줄 행복이 어디 있어?'라고 생각하십니까. 분명 있습니다. 여러분 마음속에 가슴속에 추억 속에 행복이 있어요. 버릴 수 없는 것들이 가득합니다. 그 행복을 나눠 주십시오.

자작시 하나를 소개합니다.

밥 먹을 때마다 행복하다면
하루에 세 번은 행복한 거다

숨 쉴 때마다 행복하다면
매순간 행복한 거다

행복을 감사로 바꾸어 읽어도 무방할 것 같습니다. 모든 게 내가
마음먹기에 달렸습니다.

아침에 미역국을 먹으며 이 미역을 따러 차가운 바다에 들어간 해
녀에게 고마움을 느끼는 사람이 몇이나 될까요. 가끔씩은 잊어버린,
그래서 잃어버린 감사를 찾아옵시다.

청소년 권장도서를 물으면 저는 오토다케 히로타다의 수기 《오체
불만족》을 추천하곤 합니다. 그 책을 읽고 나면 불만이 사라지고 감사
가 찾아옵니다. 오토다케는 팔다리가 없이 태어났지만, 그의 표정은
밝고 천진난만합니다.

소리는 비슷한데 뜻은 천지 차이인 말이 '화난'과 '환한'이지요. 팔
다리가 다 있는데도 오만 인상을 찌푸리며 '화난' 얼굴로 걷는 사람이
얼마나 많나요. 그에 비해 그는 너무도 '환한' 얼굴입니다. 스스로 가지
고 태어난 행복마저도 눈치 채지 못하고 마음의 벽을 두껍게 쌓고 살
아가는 우리에게 그는 살아 있는 희망의 증거입니다.

소망이라는 것은 '하고 싶다'는 거지요. 선망이라는 것은 '되고 싶

다'는 거예요. 그보다 더 좋은 말이 있어요. '희망'입니다. 희망은 '할
수 있다'는 거예요. 내가 그것이 될 수 있다는 거예요. 내가 정말 될 수
있다고 믿는 내 마음속의 그 불빛이 바로 '희망'입니다.

저는 희망이 우리를 살릴 수 있는 최후의 불꽃이라고 생각합니다.

인연이 모여 인생이 된다

## 긍정적인 밥

시 한 편에 삼만 원이면
너무 박하다 싶다가도
쌀이 두 말인데 생각하면
금방 마음이 따뜻한 밥이 되네

시집 한 권에 삼천 원이면
든 공에 비해 헐하다 싶다가도
국밥이 한 그릇인데
내 시집이 국밥 한 그릇만큼
사람들 가슴을 따뜻하게 데워줄 수 있을까?
생각하면 아직 멀기만 하네

시집이 한 권 팔리면
내게 삼백 원이 돌아온다
박리다 싶다가도
굵은 소금이 한 됫박인데 생각하면
푸른 바다처럼 상할 마음 하나 없네

_ 함민복, 시집《모든 경계에는 꽃이 핀다》(창작과비평 펴냄)
  (함민복 시인은 내 마음속 친구!)

# 후회 없이 지금 이 순간을
# 사는 법은?

: 충실한 삶을 위한 일곱 가지 습관

**고등학생 친구의 편지** 어른들은 저희를 보고 '지금이 참 좋은 때'라고 하면서, 한번 가면 다시 돌이킬 수 없는 게 지금이니 지나가 버리기 전에 시간을 아껴서 써야 한다고 하십니다. 어떻게 하면 지금을 후회 없이 잘 보낼 수 있을까요? 저 같은 학생들에게 해주고 싶은 조언이 있으신 가요?

**철환 씨의 답장** 학생보다 더 선배인 대학생들에게 '후회 없는 대학 생활을 위한 일곱 가지 습관'이란 걸 말한 적이 있습니다. 이것을 '충실한 삶을 위한 일곱 가지 습관'으로 바꾸어 말해도 무방할 것 같습니다. 일곱 가지 습관은 다음과 같은 것들입니다.

첫째는 '관찰'입니다.

두 눈을 크게 뜨고 사람과 사물을 유심히 살피라는 뜻입니다. 관찰을 하려면 먼저 관심이 필요합니다. 친구가 어떤 브랜드의 옷을 입고 있는지, 지하철 몇 호선을 타고 다니는지보다는 그가 지금 무슨 고민을 하는지, 어떤 꿈을 지니고 있는지 호기심을 가져야 합니다. 눈에 띄는 흠결보다는 생명의 숨결을 발견하는 습관을 들이는 게 좋습니다.

둘째는 '경청'입니다.

친구에게선 충고를 듣고 적에게선 경고를 듣는다는 옛말이 있습니다. 남이 열심히 말할 때엔 딴청을 부리다가 자신의 차례가 오면 흥분하여 열변을 토하는 사람들이 적지 않습니다. 두 눈을 뜨고 세상을 응시한 후에는 세상의 소리에 귀를 기울여야 합니다. 달콤한 소리만을 골라 들으려 하지 말고 낮은 목소리에도 귀를 기울여야 합니다.

셋째는 '기억'입니다.

관찰한 것들과 경청한 것들 중 선별하여 기억의 창고에 보관해야 합니다. 좋은 기억은 오래 남기고 나쁜 기억은 가급적 빨리, 멀리 날리는 게 좋습니다. 좋은 기억은 골라서 재활용할 수 있습니다. 사실 성공이란 많은 돈을 벌어서 남에게 과시하는 것이 아니라 좋은 사람을 만나서 좋은 기억을 공유하는 것입니다. 그걸 위해 배우는 것이죠.

넷째는 '기록'입니다.

기억은 짧고 기록은 깁니다. 메모리는 한계가 있지만 메모는 지우거나 태우지 않는 한 남습니다. 짧은 단어부터 메모하고 그것에 생각의 살을 붙여 문장을 만들고 그 문장들을 이어 작은 책을 만들어 보세요. 틈틈이 기록한 것들을 한 권의 책으로 만들면 일생의 추억이 될 뿐아니라 인생의 보물이 됩니다.

다섯째는 '관리'입니다.

마음과 몸이 오버하지 않도록 늘 관리해야 합니다. 욕심은 오버를 부릅니다. 늘 자신을 리모델링하세요. 통장 관리, 옷장 관리도 중요하지만 시간 관리, 건강 관리는 그보다 훨씬 중요합니다. 지갑을 불리는 것보다는 머리와 가슴을 채우세요. 맛있는 음식은 조금, 즐거운 상상은 가득이라는 표어를 실천해 보세요.

여섯째는 '결합'입니다.

따로 떨어지고 흩어져 있던 것들이 사이좋게 만나서 결합하고 융합하도록 도와야 합니다. 결합은 상상력의 소산입니다. 휴대전화는 이

인연이 모여 인생이 된다

동의 욕구와 소통의 욕망이 결합한 것입니다. 좋은 사람을 많이 만나서 결합하고 그들과 연대하여 더 나은 세상을 만들 계획을 세워야 합니다.

일곱째는 '극기'입니다.

우리가 사는 세상은 쉼터이자 일터이고, 배움터이자 놀이터입니다. 확실한 사실은 스스로 원하건 원하지 않건 간에 인생은 끝없는 싸움터라는 사실입니다. 싸움에서 이기고 싶지 않은 사람이 어디 있겠습니까. 우선 자신을 이겨야 합니다. 남을 이겨 자존심을 세우지 말고 자신을 이겨 자부심을 갖는 게 좋아요. 그게 진정한 승자입니다.

# 나만의 독서법이 있나요?

: 읽기 반 사색 반

**중학생 친구** 책을 읽는 것도 친구를 사귀는 한 가지 방법이라고 하셨는데요. 혹시 선생님만의 독서법이 있으신지 알고 싶습니다.

**철환 씨** 저는 다독가는 아닙니다. 청소년들에게도 책을 많이 읽으라고 권하지 않습니다. 책을 많이 읽었다고 자랑하는 것이 밥 많이 먹었다고 자랑하는 것과 뭐가 다를까 하는 반감이 있습니다. 그렇다고 책 읽기가 무익하다는 뜻은 당연히 아닙니다. 다만 스스로 생각의 여백을 갖지 않고 마구 책을 읽어 대기만 하는 건 영혼의 비만을 가져온다는 생각입니다.

무공해 음식을 골라 제때에 꼭꼭 씹어 먹고, 먹은 후에는 몸을 많이 움직여야 건강한 사람이 되는 것과 같습니다. 좋은 생각이 깃든 책을 요모조모 생각해 가면서 읽고 책을 덮은 후에는 자신의 삶에 골고루 적용시킬 때 비로소 건강한 지혜를 갖게 되지 않을까 싶습니다.

책을 읽지 말자는 게 아니라 좋은 책을 읽되 그 읽은 만큼의 시간을 사색으로 보내라는 얘기입니다.

저의 독서법을 간략히 소개할게요. 저는 무턱대고 서가에서 책을 꺼내 펼치는 일이 드뭅니다. 제목을 보고 무슨 이야기일까 먼저 상상을 해보는 겁니다. 베스트셀러였던《정의란 무엇인가》를 예로 들면, 그 책을 펼치기 전에 먼저 내가 생각하는 정의에 대해 상상을 해봅니다. 그리고 왜 이 시점에 이런 책이 나왔을까를 헤아려 봅니다. 그런 후에 책을 펼쳐서 작가의 생각을 따라가 보는 것이지요. 나름 유익한 결과를 얻곤 합니다.

또 한 가지, 예전에 읽었던 책을 다시 읽으면서 재해석해 보곤 합니다. 저자는 왜 이런 식으로 말했을까, 왜 이런 비유를 했을까 하고요. 그렇게 한 번 읽은 책을 또 되씹어 보는 거죠. 스무 살 때, 서른 살 때, 마흔 살 때 읽었던 책을 지금 다시 읽으면 해석하는 부분이 조금 달라지는 것 같아요.

좋은 책이란 자신에게 좋은 책, 자신에게 맞는 책이겠지요. 누가 좋다고 추천하는 책이 꼭 나에게도 좋은 책이라는 법은 없지요. 그런데 저의 경우는 한 가지 예외가 있긴 해요. 젊은이들이 어떤 책을 많이 좋아한다 그러면 그 책은 꼭 봐요. 어떤 책이 젊은이들을 사로잡았나? 저의 호불호와 상관없이 봅니다. 많은 젊은이를 사로잡은 것들은 보편적인 가치가 있는 것들이라는 생각을 갖게 되었기 때문입니다.

여러분을 끌어당기는 책, 여러분의 마음을 잡고 놓지 않는 책을 골라 읽고, 많이 생각하고, 자기 것으로 만드세요.

인연이 모여 인생이 된다

다문다작다상량 多聞多作多商量

많이 듣고, 많이 쓰고, 많이 생각하라.

_ 당송 팔대가의 한 사람인 송나라 시인 구양수가 꼽은 글 잘 짓는 비결

# 여러분, 제 말 듣지 마세요

지금까지 제 이야기를 경청해 주셔서 감사합니다.

그런데 지금까지의 내용은 주철환이란 사람이 생각하는 삶일 뿐입니다. 남의 말을 너무 듣지는 마세요. 여러분의 소신대로 사는 것이 중요합니다. 어떤 좋은 이야기도 N분의 1일 뿐입니다. 만약 여러분이 지금까지 200권의 책을 읽었다면 제 이야기는 200분의 1 정도 비중으로만 참고하란 말씀입니다.

저는 살면서 가장 아까운 것이 시간이에요. 그래서 지겹게 보낸 한 시간은 죄악이라고 생각합니다. 더군다나 젊은이가 원하지도 않는 자리에서 고통의 시간을 보내고 있는 것은 무척이나 안타까운 일입니다.

자기가 좋아하는 것을 하세요. 솔직해지세요. 남 탓하지 마세요. 여러분은 '지금까지'와 '지금부터' 중에서 어느 쪽을 향해 가겠습니까? 과감하게 내가 원하는 것을 하는 주도적인 삶을 사십시오.

"어떻게 사람이 좋아하는 것만 하고 삽니까?"라고 반론을 제기한다면, 그런 걸 재고 따지기 전에 좋아하는 것부터 찾아서 일단 시작하라고 말하겠습니다.

행운이 좋아하는 사람은 어떤 사람일까요. 첫째, 솔직한 사람, 둘째, 겸손한 사람, 셋째, 부지런한 사람이라고 생각합니다.


젊은이들이 원하지도 않는 고통의 시간 속에서 자신을 속이고 남을 속이는 연극을 하는 게 가장 안타깝습니다. 국력이 낭비되는 느낌입니다.

그래서 대학에서 학생들을 가르치며 저는 미리 얘기를 합니다. 내 수업 내용이 도움이 안 된다고 생각하면 억지로 교실에 앉아 있지 말고 차라리 나가서 노래를 부르든 뭘 하든 도움이 되는 걸 하라고요. 수업시간에 나간다고 결코 불이익을 주거나 서운해하지 않겠다고요.

단 조건은 있습니다. 분노를 표시하고 나가는 건 좋지 않다고요. 예를 들어 영화 〈친구〉에서처럼 문을 쾅 차고 나간다든지 하는 건 후

유증이 있다고요. 대신 유용한 연기를 가르쳐 줬지요. 배가 약간 아픈 표정을 지으며 나가라고요. 그럼 누가 뭐라고 그러겠습니까. 이렇듯 모든 일엔 요령이 필요합니다. 기적이라는 말이 있는 것은 기적이 있기 때문이듯, 요령이라는 말이 있다는 건 요령이 필요한 순간이 있기 때문이지요.

생각, 소신을 가지세요. 어떻게 살 것인지를 한번 생각해 보고 그게 좋다면 그렇게 사십시오.

그런데 살아 보니 그게 아니더라 싶으면, 그럼 그때 바꾸면 됩니다. 소신도 바꿀 수 있다고 생각합니다. 일관성이 늘 좋은 것은 아닙니다. 잘못된 일관성도 있는 것 아니겠습니까. 그럼 바꿔야지요.

사람은 왜 살까요? 행복해지기 위해서 산다는 것에 이의를 제기할 사람은 별로 없으리라 생각합니다. 그런데 행복해진다는 것은 뭘까요? 내가 만족하면 행복일까요? 그렇다면 사람과 돼지가 뭐가 다를까요? 돼지가 누구에게 양보하는 것을 본 적이 있나요? 감사합니다, 라고 말하는 돼지를 본 적이 있나요?

인생이란, 누군가를 행복하게 해주는 것이 가장 행복한 것임을 알아 가는 과정이 아닐까요.

여러분 지금도 시간은 지나가고 있습니다. 저는 제게 주어진 한정된 시간을 가장 값지게 보내는 방법 중 하나가 좋은 친구를 많이 사귀는 거라고 생각합니다. 유한한 시간과 능력을 가진 우리가 혼자 커지고 혼자 넓어지고 깊어지는 데는 한계가 있습니다. 하지만 함께하고 나눈다면, 유한한 우리도 영원을 꿈꿀 수 있습니다.


제가 알고 좋아하는 노래는 거의가 친구네 집에서 들은 음악이라고 할 수 있습니다. 생각해 보세요. 그 시절, 가난한 시장 소년이 어디서 어떻게 음악을 들을 수 있었겠습니까. 친구네 집에서 친구네 전축으로 친구와 함께 음악을 들었지요. 생전처음 스피커를 통해 나오는 음악을 들었을 때, 별세계를 접한 소년의 감동이 어땠을지 짐작이 가시나요?

음악은 저를 어느 사람에게로 데려다 주는 역할을 합니다. 제가 좋아하는 노래의 멜로디와 가사를 떠올리면, 자연스레 한 친구의 모습이 함께 떠오릅니다. 어떤 노래를 들으면 그때 무척 친했던 친구, 그 친구네 집에서 함께 이 음악을 들었던 기억이 떠오르고, 어떤 노래를 들으면 얼굴도 잘생기고 노래도 잘하던 한 친구가 수학여행 가서 기타를 치며 멋들어지게 이 노래를 부르던 모습이 떠오릅니다.

아름다운 음악을 공유했던 그 시절 그 친구의 모습이, 그리고 우리의 아름다운 우정이…….

우리에게 주어진 시간 동안 최대한 많은 사람을 사귀고 사랑을 나누며 행복하고 멋진 삶을 사시기 바랍니다.

## 청춘예찬

여기는 젊음의 숲 늘 푸른 희망의 땅

우리는 사랑으로 한 마음이 되고 싶어

젊음 우리의 꿈 의지의 날개로 활짝 날아 보자

젊음 오늘의 땀 맞잡은 어깨로 함께 뛰어 보자

젊음 내일의 힘 부둥킨 가슴에 꽃을 달아 주자

여기는 젊음의 숲 늘 푸른 희망의 땅

우리는 사랑으로 한 마음이 되고 싶어

저하고 친구가 되고 싶으세요?
그렇다면 망설이지 말고

ewhajoo@naver.com

아우름04

# 인연이 모여
# 인생이 된다

**1판 1쇄 발행** 2015년 2월 26일
**1판 7쇄 발행** 2022년 8월 29일

**지은이** 주철환
**펴낸이** 김성구

**콘텐츠본부** 고혁 조은아 김초록 이은주 김지용
**디자인** 이영민
**마케팅부** 송영우 어찬 김하은
**관 리** 박현주

**표지 디자인** NOSTRESS 민유경

**펴낸곳** (주)샘터사
**등 록** 2001년 10월 15일 제1-2923호
**주 소** 서울시 종로구 창경궁로35길 26 2층 (03076)
**전 화** 02-763-8965(콘텐츠본부) 02-763-8966(마케팅부)
**팩 스** 02-3672-1873 **이메일** book@isamtoh.com **홈페이지** www.isamtoh.com

© 주철환, 2015, Printed in Korea.

ISBN 978-89-464-1893-6 04190
ISBN 978-89-464-1885-1 04080(세트)

값은 뒤표지에 있습니다.
잘못 만들어진 책은 구입처에서 교환해 드립니다.